Los hijos tiranos

Biografía

Vicente Garrido, graduado en Criminología, es doctor en Psicología y una de las autoridades más reconocidas en el ámbito de la criminología violenta. Profesor de la Universidad de Valencia, ha sido consultor de Naciones Unidas y ha asesorado en diferentes casos a la policía y la Administración de Justicia. Entre sus libros destacan *Asesinos múltiples y otros depredadores sociales*, *El rastro del asesino*, *Cara a cara con el psicópata* y *Perfiles criminales*.

Vicente Garrido

Los hijos tiranos

El síndrome del emperador

Ariel

Obra editada en colaboración con Editorial Planeta - España

Bajo el sello editorial PAIDÓS M.R.
Avenida Presidente Masarik núm. 111,
Piso 2, Polanco V Sección, Miguel Hidalgo
C.P. 11560, Ciudad de México
www.planetadelibros.com.mx
www.paidos.com.mx

Ediciones anteriores en España: 2005 y 2011
Primera edición impresa en España en esta presentación: junio de 2019
ISBN: 978-84-344-3106-5

Primera edición impresa en México en Booket: abril de 2022
Segunda reimpresión en México en Booket: marzo de 2025
ISBN: 978-607-569-224-1

Impreso en los talleres de Operadora Quitresa, S.A. de C.V.
Calle Goma No. 167, Colonia Granjas México, C.P. 08400, Iztacalco, Ciudad de México.
Impreso en México –*Printed in Mexico*

A mi hija Lorena,
que hizo del tesón el camino para la vida plena

Adiós papá,
Adiós papá,
Consígueme un poco de dinero más…
¡Más dinero!

(de una canción de Los Ronaldos)

Prólogo a la nueva edición

A comienzos de 2019, las cifras de delitos cometidos por menores de edad muestran una tendencia general a la disminución —o a la estabilidad en algunos tipos penales— que dura ya varios años... excepto en la violencia de los hijos hacia los padres, lo que hoy se denomina en el contexto académico como «violencia filioparental». ¿Por qué sucede esto?

La primera razón es que los padres se ven reflejados en otros que han dado el paso de denunciar y, desesperados ante su impotencia por la violencia que han de soportar, imitan a éstos. La segunda es que cuando se define un nuevo tipo penal, o al menos se abre un hueco en la conciencia de la ley de que existe un tipo de violencia al que no se responde adecuadamente, se genera un espacio que tiende a ser ocupado por aquellos casos que necesitaban del reconocimiento «oficial» de su existencia para poder encontrar una salida: cada vez hay más padres que definen el comportamiento de abusos y amenazas de sus hijos como delictivo, y a continuación reaccionan con el único instrumento que les queda, venciendo muchas veces el sentimiento de culpa que implica denunciar a su propio hijo.

La tercera razón, obviamente, no podemos descartarla: también hay parte de realidad en ese aumento, es decir, a medida que vamos hacia el cumplimiento del primer tercio del siglo XXI, *los hijos que se desvinculan emocionalmente de sus padres aumentan en su número.* En este libro planteo la hipótesis de que esto ocurre porque en nuestra época educar a los hijos difíciles es una tarea mucho más compleja y costosa que hace solo veinte o treinta años. Hoy los padres tienen un menor reconocimiento social de su autoridad y se ven sometidos a un mundo incierto y amenazante (en lo laboral y en las relaciones interpersonales) que erosiona su capacidad para hacer frente a la gran responsabilidad de educar a un «hijo tirano» por razón de su temperamento innato o porque por causas tempranas —como, por ejemplo, dificultades en el embarazo o en el parto— se generó en él un temperamento resistente a la educación.

La otra causa es que los niños viven en un mundo donde todo lo «joven» se ha establecido como un icono cultural y social: el ideal es «sentirse joven por dentro». Buena parte del consumo mundial se dirige a la franja de los jóvenes y a los que se sienten así —con frecuencia de modo ridículo—, y la autorrealización es la cumbre de la felicidad personal. La responsabilidad colectiva y el sentimiento de culpa ya «no se llevan»; el éxito significa cumplir los deseos personales, y eso supone muchas veces desinteresarse de lo que le puede suceder al otro mientras estoy ocupado en lograr mi propósito. Los adolescentes perciben rápido ese ambiente y, en un medio cultural de narcisismo juvenil, los hijos tiranos en potencia tendrán muchas más probabilidades de prosperar.

Así pues, este libro busca explicar (y, en lo posible, ayudar) a *los padres que se preocupan y quieren a sus hijos* el denominado «síndrome del emperador», que define a aquellos chicos y chicas (póngase «emperatriz» donde corresponda) que, sin que sea atribuible a sus padres su comportamiento, generan con ellos una relación sostenida de abuso y hostilidad, con el propósito de lograr su autonomía dentro del hogar, es decir, el poder de hacer lo que deseen.

El síndrome del emperador no se refiere a los hijos que, *de modo excepcional,* faltan gravemente al respeto a sus padres o incurren en algún acto violento. Hay otras razones para esto que deben analizarse en cada caso. Tampoco incluye a los hijos que son violentos con sus padres (violencia psicológica o física, o ambas) porque éstos han sido previamente maltratadores de sus hijos, o han actuado con una grave y repetida negligencia en su atención. Ni aquellos hijos que, sin ser ellos mismos objeto de violencia, han visto repetidos ejemplos de abuso entre sus padres.

Este libro va dirigido a los padres que no saben cómo enfrentarse a unos hijos que tienen una gran dificultad para ser educados porque no pueden establecer un vínculo afectivo con ellos. Como ocurre en toda la variabilidad humana, hay siempre un gradiente en esta ausencia o dificultad para la vinculación: en algunos chicos es solo leve, en otros es extrema y, en los más, es de intensidad media. En todo caso, en cualquiera de sus variantes plantea problemas nuevos que es necesario conocer y afrontar.

Mi deseo es que los padres que lean este libro dejen de sentirse culpables y que se llenen de energía para encarar esa gran responsabilidad que el destino les ha otorgado. Que aquellos que tienen hijos pequeños aprendan qué cosas ayudan a prevenir las manifestaciones más severas del síndrome del emperador. Finalmente, que los profesionales de la atención a las familias comprendan que muchos de los padres que buscan asistencia por causa de la violencia de sus hijos merecen empatía y ayuda efectiva, y no el reproche velado o el desinterés porque les abruman los casos tradicionales donde los padres desatienden a sus hijos.

Agradecimientos

Quiero agradecer la confianza que han tenido conmigo tantos lectores y personas interesadas en mi trabajo. También estoy en deuda con todas las personas que sufren violencia y han buscado mi ayuda, quienes me enseñan con toda naturalidad su gran capacidad de lucha y confianza en un futuro mejor.

Finalmente, quiero agradecer a la editorial Ariel el entusiasmo con que siempre apoya mi trabajo.

Introducción

Que los hijos tiranicen a sus padres, que los amenacen y golpeen, parece algo antinatural, y ciertamente no constituye lo normal en términos estadísticos. De igual modo parece antinatural que los padres maltraten a los niños, y no es tampoco lo más frecuente. Sin embargo, ambas formas de violencia se dan en nuestra sociedad, y si es del todo lamentable que los padres descuiden la atención de aquellos que más lo necesitan —sus propios hijos—, no lo es menos que los hijos falten al deber de piedad y amor hacia sus progenitores y los humillen y vejen.

Se podría pensar que esos padres «tienen lo que se merecen», porque o bien ellos antes fueron crueles con esos hijos, o bien los desatendieron, y que en definitiva todo padre y madre «recibe lo que siembra».

Ésta es una de las razones por la que escribo este libro: muchos padres entregados a sus hijos de ningún modo merecen nuestro reproche, sino nuestra comprensión y ayuda. A pesar de que hicieron todo lo que pudieron, no fue suficiente. Creer que los padres son como pintores que trazan la personalidad de sus hijos con la pintura en el lienzo es negar la naturaleza humana; los padres tienen mucho que ofrecer a sus hijos, pero no llegan al extremo de moldear a su antojo la psicología y conducta de ellos. En el siglo XXI, con el desarrollo espectacular acaecido en las ciencias de la vida, mantener esa postura es algo sin sentido: todos reconocemos que hay un cuerpo, un *soma*, que tiene unas posibilidades en la interacción con el ambiente del embarazo y, sobre todo, con el futuro que le espera. Su destino no está trazado; va a depender en buena medida de cómo se comporte en los escenarios donde vaya a relacionarse, y en ese «depende» es importante la naturaleza de esas situaciones (los padres que va a tener, el lugar donde nazca, etcétera), pero también quién es él, es decir, qué recursos trae al mundo, cómo va a relacionarse él con esas situaciones y ambientes.

Este libro está dedicado a los padres que han hecho lo que han podido con sus hijos, pero éstos les han superado al fin, y *no han permitido* que esa educación les hiciera personas con un sentido moral elevado. Algunos de estos padres los han adoptado en el extranjero, les han brindado una nueva vida, llenos de amor y esperanza, para encontrarse con que sus nuevos hijos les mienten primero, y luego les extorsionan y amenazan. Muchos de estos niños han vivido el horror del abandono emocional desde la cuna, y se han criado en situaciones penosas en sus países de origen. Han tenido la biología y el ambiente adecuado para ser niños con una personalidad antisocial o una psicopatía.

Pero otros niños han nacido en buenos hogares, con padres que no los han maltratado o desatendido, pero que, simplemente, no han podido con la dificultad que presentaban sus propios hijos. No han sido capaces de detectar unos problemas que estaban ahí, porque se ven mucho menos que —por ejemplo— un síndrome de Down o una minusvalía física. Pero sus hijos tienen graves problemas, y esos problemas son mucho más dañinos para la sociedad que cualesquiera otros.

Estos hijos se creen dueños de su casa, y no aceptan las normales tareas de corrección de los padres. Yo creo que ellos —los hijos tiranos— son una buena metáfora de que nuestra sociedad se está equivocando gravemente en el tipo de filosofía educativa que consideramos valiosa para nuestro progreso común. Que los padres corran hacia los servicios de menores para pedir protección, y que las escuelas se vean asediadas por jóvenes violentos son dos fenómenos muy relacionados. Que al mismo tiempo el rendimiento académico de nuestros alumnos esté bajo mínimos comparado con otros países de Europa, también.

Con frecuencia se dice que la culpa es de los padres «permisivos». Tal y como indico en el libro, las familias deben pensar profundamente en cómo quieren educar a sus hijos; más todavía, en el modo de persona, de *proyecto de vida* que desean para sus hijos. Estas preguntas ya no están de moda, o parecen rutinarias; sin embargo, considero que hoy son especialmente importantes, porque precisamente el tipo de sociedad que hemos creado invita al pasotismo y a no profundizar en el cultivo de lo esencial del ser humano: la conciencia y el proyecto de vida; el compromiso moral y el esfuerzo por la integridad.

El «síndrome del emperador» aparece cuando un niño que *debería* ser feliz y hacer feliz a sus padres se convierte en el símbolo de una falta de tolerancia de la frustración que parece cada vez más dominante en nuestra sociedad. Este joven quiere hacer las cosas como él quiere, *y lo quiere ahora*, y no le arredra la conciencia a la hora de ser violento. Porque no quiere escuchar ni parece entender lo que sus padres tratan de enseñarle.

En este libro me dirijo a esos padres contritos, y a todos aquellos que están interesados en los problemas de violencia de los niños y jóvenes. Pero también a los maestros, padres en general y responsables de opinar e intervenir en el sistema educativo, cultural o de salud público.

Todos los casos que aparecen son reales, pero han sido convenientemente modificados para preservar el anonimato de los implicados, o bien aparecieron en publicaciones y son de dominio público.

Capítulo 1

Una sociedad angustiada

Nacho, de 16 años, está sentado frente a mí. Me mira de forma intermitente, pero cuando lo hace clava los ojos, como si quisiera leer en mi interior. Sus padres me contaron que «no pueden más», que no quieren ir a la policía ni al juzgado, que soy su última oportunidad.

—¿Qué fue lo que pasó ayer? Tu madre me llamó muy angustiada...

—¿Lo de ayer? Bueno... no fue para tanto. Discutimos. Mi madre siempre cree que me aprovecho cuando mi padre está fuera de viaje, y que entonces la acorralo, eso dice. Pero sólo discutimos. De verdad, no pasó nada grave.

—Sin embargo, tu madre luego estaba muy alterada... Me dijo que estaba asustada, que habías vuelto otra vez a amenazarla...

—Mi madre exagera. Es una cobarde, siempre lo ha sido. ¡Una vez le tiré una patata a la cabeza y gritaba como si le hubiera tirado una bomba...!

Nacho lleva dos años mostrando un comportamiento muy violento hacia sus padres. Siempre había sido un «niño difícil», pero en los últimos meses la cosa se ha complicado mucho, y ahora —a la vista está— se ha convertido en un «hijo tirano» de sus padres. Va mal en la escuela, y por toda explicación dice que «los profesores son todos unos mierda», y que «no os preocupéis, ya aprobaré». A pesar de que se lo prohibieron sus padres, no tuvo ningún problema en llevar a «su chica» a casa, meterla en su habitación, y acostarse con ella... estando sus padres en casa. Después de que se hubo marchado y los padres le recriminaran su conducta, Nacho dio una patada a la mesa del comedor y rompió una de sus patas: la mesa cayó como una losa, y destrozó media vajilla que estaba preparada para la cena.

Nacho no es muy alto, pero es robusto. Tez oscura, manos grandes pero finas, podría ser la de alguien que practicara el piano con frecuencia. Aparenta ser alguien controlado, pero tiene una gran violencia dentro de sí, capaz de activarse cuando las cosas no salen como él espera. Su padre es empleado de banco, y parece realmente cansado. Es obvio que no está en disposición de tener un enfrentamiento físico con su hijo, cosa que, por otra parte, repele a su forma de pensar. Sin embargo, no puede claudicar más. En esos dos últimos años ha visto cómo las exigencias de su hijo han ido *in crescendo*: a los 14 años pidió una «*mountain bike* de profesional», ya que iba a «dedicarse en serio a practicar ese deporte». Un año después «se plantó», y dijo que «nadie iba a decirle a qué hora tenía que volver a casa». Los insultos a su madre han sido constantes desde entonces; ella es la que más sufre la violencia de Nacho, que hasta ahora no ha sido «muy» grave: empujones, lanzamientos de objetos, frases vejatorias y otros comportamientos de violencia psíquica. En casa, no cabe duda, nadie tiene autoridad sobre él.

Su padre le dijo hace una semana que lo que hacía «era un delito», y que lo iba a denunciar. Gracias a esta presión logró que viniera a verme. Le dijo que era bueno que alguien pudiera ayudarles a llevarse «como una familia».

—¿Tú quieres a tus padres? Quiero decir, ¿qué sientes por ellos?

—¿Quererlos...? ¡Ja, ja! Claro que sí, hombre... Pero comprenda, ya no soy un niño...No puedo dejar que me controlen en todo. Ellos no entienden mis necesidades. ¿Usted no se enfadaría si no le dejaran hacer nada de lo que quiere hacer?

Cada vez recibo más llamadas de auxilio de padres como los de Nacho, padres atónitos, asombrados ante una violencia que no pueden comprender. Pero no sólo yo, muchos de mis colegas están asistiendo a este mismo fenómeno. Rosa Patró, psicóloga y amiga, recibe una consulta «urgente» para ver cómo puede ayudar en un caso con una niña violenta: «El problema viene ya desde hace unos dos años, cuando nos "enteramos" que la niña le pegaba a mi tía. Siempre fue algo muy en secreto; la madre lo intentó tapar siempre y sólo nos enterábamos cuando las muestras eran evidentes (moratones y demás). Pero con los años la niña se ha hecho más y más agresiva. Ahora tiene 13 años y esta misma mañana mi madre me ha llamado desesperada porque la cosa ya es muy fea: obliga a mi tía a dormir fuera de casa. En una palabra: tiene dominada a mi tía, su madre. La cosa es ya insostenible, el problema está en que mi tía lo oculta todo. Mi madre se ha informado y el problema es muy grave, porque pueden quitarle la custodia a mi tía [...] Es horroroso. No sé qué decirle a mi madre, no sé qué hacer... y mientras, la niña sigue golpeando a su madre, con el miedo de que cualquier día le rompa una silla en la cabeza y suceda algo irremediable».

La rebelión de los hijos

¿Qué está pasando? ¿Cómo puede ocurrir que una niña de sólo 13 años eche a su madre de su propia casa, y la golpee continuamente? ¿Por qué hay tantos hijos que tiranizan a sus padres? Si fuera un caso aislado... pero no lo es. Se trata de una auténtica epidemia. Los servicios sociales son unánimes a la hora de señalar que se trata de «un fenómeno nunca visto». El responsable de menores del Colegio de Abogados de Valencia declaró que las agresiones a los padres han sufrido «una escalada terrorífica».

Y en efecto, lo es: esa violencia —llamada a «ascendientes»— creció en los juzgados de esa Comunidad *catorce veces* más en los últimos tres años. En Cataluña, los padres que denunciaron a sus hijos pasaron de ser 23 en el año 2001 a 178 en el año 2004. Para añadir más alarma a la situación, las niñas, desde siempre y en todas partes mucho menos violentas que los niños, están también haciéndose notar en esta *rebelión cruenta* de los hijos. Leo esta noticia un día cualquiera:

> «Todo empezó cuando era una niña. Pedía una cosa y la quería en el momento. Al principio creí que era la edad. Pero los empujones que me daba cuando le decía a algo que no se convirtieron en palizas». C.M. sufrió malos tratos de su hija. «Me ha pegado más palizas que pelos tengo en la cabeza», subraya duramente. En cambio, ante el padre no mostraba violencia.
>
> Esta madre llevó a su hija a especialistas, pero no le detectaron ninguna enfermedad. «Hasta mi médico de cabecera y la policía que acudía a mi casa me decían que denunciara», recuerda. Tiene otra hija mayor con quien no tuvo problema alguno, por eso está convencida de que la educación que ambas recibieron no ha sido la razón de las agresiones.
>
> «Para evitar una paliza a veces le daba el dinero que pedía [...]. Siempre pensaba que esto no me iba a suceder, pero allí he visto a más padres en la misma situación, y nos hemos ayudado».

¿Ha existido siempre esta violencia hacia los ascendientes, o es un fenómeno nuevo? Desde luego, siempre ha habido padres golpeados y extorsionados por sus hijos, pero no me cabe duda de que esta violencia se ha incrementado de forma espectacular, por varias razones. En primer lugar, porque con la perspectiva temporal de los últimos diez años, vemos que se han incrementado otras formas de violencia protagonizadas por los jóvenes, como es la delincuencia juvenil (en particular el pandillismo —*skins*, ultras y bandas latinas— y las agresiones violentas, sexuales y homicidios) y el acoso escolar (*bullying*), es decir, la violencia física y/o psíquica que, de modo habitual, unos alumnos ejercen sobre otros. No tiene nada de extraño, por consiguiente, que también en esta peculiar forma de agredir se haya producido un incremento muy sustancial.

La segunda razón es que se trata de algo muy difícil de sacar a la luz. ¿A qué padre o madre le gusta denunciar a su hijo, o pedir el amparo de los servicios sociales? Cuando tantos casos han llegado a los organismos públicos, es porque muchos más padres se han visto afectados y desbordados en comparación a lo que ocurría antes. Una tercera razón es que muchos de estos casos se «paran» en el sistema alternativo de la salud privada, particularmente en psicólogos clínicos o de familia, o bien en los psiquiatras, y esto es posible porque sólo en los últimos diez años se ha extendido en España esta práctica generalizada de acudir al «especialista» cuando hay problemas: si esta red intermedia —entre el niño violento y la justicia o servicios de menores— no existiera, estoy seguro de que las administraciones públicas todavía estarían más inundadas de casos de esta índole.

¿Qué está pasando?

No puede ser casual que nuestros hijos exhiban ese comportamiento tan «desnaturalizado» hacia sus padres, al tiempo que el acoso y la violencia hacia los compañeros en las escuelas alcanza también un estado de honda preocupación. Para mí ambos fenómenos están relacionados, aunque no provengan exactamente de las mismas causas. Aunque todavía no se ha investigado, creo que muchos —no todos— de los jóvenes violentos en la escuela también son violentos en sus casas. ¿Por qué? Una vez que alguien aprende a que la dominación tiene sus beneficios, la tentación a extender ese método exitoso es muy grande. Por otra parte, si un joven consigue «controlar» a sus padres, e imponerse con su amenaza o violencia de hecho, mucho más fácil le resultará amedrentar a compañeros de su colegio y sacar provecho de esa extorsión. Un caso de mis archivos profesionales ilustra bien esta duplicidad en la violencia hacia los padres y hacia los compañeros.

Daniel tiene 16 años, vive con sus padres en Sevilla. A los ocho años empezó a mostrar comportamientos muy agresivos: en varias ocasiones prendió fuego a diversos enseres de la casa, y ahogó a un cachorro recién nacido en el chalet de unos amigos.

Su hermano, dos años mayor que él, desde siempre le tuvo miedo, ya que si bien es más fuerte que Daniel, éste mostró siempre una enorme agresividad: puertas rotas, objetos desaparecidos, robos a sus compañeros... Cuando le conozco, a los 16 años, Daniel ha pasado ya por tres colegios. En los dos últimos hay constancia de que tuvo un comportamiento de acoso hacia alguno de sus condiscípulos. En un caso, estuvo arrebatando el bocadillo de un chico de su clase durante varias semanas y luego lo pisaba y lo tiraba a la basura, en represalia a que no había querido hacerle un trabajo escolar. En otro caso documentado dio una paliza y robó a un alumno al que insultaba habitualmente llamándole «foca apestosa».

Tiene varios diagnósticos, consecuencia de su peregrinar por los especialistas, pero el más repetido es «trastorno disocial»: este es el diagnóstico oficial para muchos de los que, de adultos, exhibirán una psicopatía. No obstante, hay chicos que pueden cometer actos atroces en su adolescencia o primera edad adulta sin presentar signos muy nítidos de violencia desde pequeños. No sabemos por qué, pero algunos parecen ser «durmientes», y explotan más adelante en una violencia brutal (es el caso de Rabadán, el joven de Murcia que mató a sus padres y hermana mentalmente disminuida con una espada japonesa o catana). Otros, como Daniel, avisan desde el principio. Son inmunes a las regañinas, parecen no comprender los sentimientos de los demás. Viven en su propio mundo, absolutamente egocéntricos.

A los 13 años empezó a insultar gravemente a sus padres. Como estos le castigaran un fin de semana sin salir, al volver el sábado por la noche a casa los padres comprobaron que la pared de su dormitorio tenía escritas con spray las palabras (con tipografía en mayúsculas): «OS ODIO. ALGÚN DÍA ME LAS PAGARÉIS. Y SERÁ PRONTO».

Daniel nunca se ha enfrentado físicamente a su padre, pero sí ha zarandeado a su madre, la ha empujado y le ha dicho varias veces que «le importa una mierda que seas mi madre», amenazándola con que «me vas a dar ahora el dinero que te pido (para una cazadora) o te echo a perder tu guardarropa». Cuando llega a casa su padre —gerente en una empresa de fabricación de plásticos— él se ha marchado por ahí, o se encierra en su cuarto (ha puesto tres veces una cadena, cada vez que la retira su padre él la vuelve a poner).

Este último año ha sido muy duro: los padres no le reconocen como su hijo a medida que va creciendo. Él repite por segunda vez tercero de secundaria. Dice que «los listos» no han de estudiar; que sólo espera cumplir 18 y ganar un dinero para «desaparecer para siempre». Cuando le pregunto qué hará si no consigue dinero, me dice que «cualquier cosa». «Aguantaré a estos pringados —por sus padres— sólo lo imprescindible... Ya no los soporto. Y si mi padre algún día me toca, tengo amigos que le pueden devolver el favor...».

Esta violencia no es sólo un problema grave en España. En Inglaterra, Tony Blair ha declarado recientemente que quiere «inculcar respeto entre sus ciudadanos», y en particular entre los jóvenes violentos. En Francia la preocupación con la violencia «social y cotidiana» de los niños de 7 a 15 años ha movido ya diversas iniciativas gubernamentales. Pero quizás en nuestro país esta crisis haya sucedido —como tantas otras cosas en nuestra joven democracia— de modo más repentino y brutal. Ahora se trata muchas veces de chicos de clase media que —a diferencia de los jóvenes que provienen de zonas marginales, que son los clientes habituales de los juzgados de menores— «no deberían» estar actuando de este modo, ya que en teoría al menos disponen de recursos y de padres adecuados. Esta participación creciente en la violencia explícita de chicos «que no deberían ser violentos» se traduce, como es lógico, en una agresividad donde primero hallan sus víctimas, que es su propia casa. Pero luego también se traduce en los colegios, y en ciertos casos, en crímenes y agresiones en la calle.

Argumentos para la epidemia de los hijos tiranos

En Aragón también están muy preocupados, como en el resto de España. María José Chinchilla, que hizo un estudio con otros colegas de este tipo de violencia tal y como se registraba en los juzgados de Zaragoza, explica la dificultad de los padres para denunciar, porque ante todo es un fracaso de los padres como educadores: «reconocer la aberración de la actitud del hijo, supone admitir y asumir su propio fracaso como padres», explica el fiscal de menores, Carlos Sancho.

Sí, quizás los padres no quieran reconocer la verdad, y admitir compungidos su fracaso como educadores de sus hijos. En todo caso, es lo que piensa mucha gente en la sociedad actual, lo admitan ellos o no. Por ejemplo, cito de nuevo a Tony Blair, el primer ministro de Gran Bretaña, para poner un ejemplo de esta coincidencia en la opinión. Así, a propósito de esa iniciativa a la que antes hacía referencia, declaró que «algunos niños crecen sin una adecuada atención de sus padres, sin un sentido de la disciplina en el ámbito familiar [...]. En la campaña electoral escuché en demasiadas ocasiones decir a la gente que se ha perdido el respeto en las aulas, en las esquinas de nuestras calles [...]. Pero yo no puedo resolver todos estos problemas [...]. Lo que no puedo es educar a los hijos de los demás».

Y en nuestro propio país, esa creencia en la ineptitud paterna como fuente del delito y la violencia de sus hijos llegó a nuestros tribunales de justicia en una sentencia digna de recordarse, a propósito del terrible suceso conocido como el «crimen de la Villa

Olímpica», acaecido hace algunos años en Barcelona, cuando Valentín Moreno y otros seis jóvenes asesinaron a golpes de manera gratuita y premeditada a otro joven, Carlos Robledo, e hirieron a dos de sus amigos (ver nota 1). Pues bien, además de la sentencia penal condenatoria a los responsables del homicidio y las agresiones, el juez responsabilizó en particular a los padres del principal encausado (Moreno) a pagar una cuantiosa indemnización a los padres del chico fallecido. Así, podemos leer en el auto del juez que «el grado de responsabilidad de su hijo no era el más adecuado, y su falta de atención [de los padres] contribuyó de forma grave a las conductas agresivas de Valentín ante la ausencia de contención y atención». El juez sigue afirmando que a los padres «no se les exige un seguimiento exhaustivo de las actividades de Valentín, pero su carácter y personalidad permiten prever un tipo de comportamiento y les es exigible una mayor vigilancia y atención no sólo cuando tiene cerca de 18 años, sino desde siempre, y esa observancia hubiera permitido ver la evolución agresiva de su hijo».

Luego está claro el punto de vista del juez: si los padres hubieran prestado mayor atención a su hijo, habrían evitado que éste desarrollara esa personalidad y carácter agresivos, y entonces —es de suponer— habrían sido capaces de evitar ese resultado. Lo que no dicen es qué hubieran tenido que hacer para tener éxito en la contención de su hijo. Se supone que habrían tenido que ser *mejores* padres, estar *más atentos*, y si veían que su hijo no estaba creciendo como un chico «normal», entonces tendrían que haber buscado la ayuda que hubiera sido necesaria. Todo antes de dejar que se convirtiera en un asesino.

Mi idea es que el juez se aventura demasiado si aplica esta idea como algo general al caso de Moreno, sin haber verificado este punto (cosa que ignoro, y por consiguiente no me pronuncio al respecto). No niego que muchos padres educan de modo deficiente a sus hijos, pero creer en el siglo XXI que éstos tienen el destino de sus hijos en las manos es demasiado. Si es así, ¿qué le decimos a la madre que hemos conocido anteriormente (C.M.), golpeada por su hija, que «para evitar una paliza a veces le daba el dinero que pedía», y que, con otra hija mayor que no le da ningún problema, «está convencida de que la educación que ambas recibieron no ha sido la razón de las agresiones»?

¿Y qué podríamos decir a los padres de Rabadán, si pudiéramos verlos y hablar con ellos? Cuando este joven, «para saber lo que se siente», mata a su familia en un acto perfectamente planificado, levantándose a primera hora y después de que está en vela esperando el momento más adecuado para que sus padres y hermana no se pudieran defender, ¿qué signos de su infancia, que agresividad obvia tendrían que haber alertado a sus padres de que su hijo iba a convertirse en un asesino múltiple, y que las víctimas iban a ser precisamente ellos?

¡Qué fácil sería todo si pudiéramos señalar siempre a los padres como los culpables de la violencia y el crimen de sus hijos! ¡Cómo se clarificaría el panorama si los hijos tiranos fueran la consecuencia de padres permisivos o de otra forma incompetentes!

Desgraciadamente —o afortunadamente, según se mire, porque si los padres fueran como los alfareros, que dan forma definida a sus productos, quizás habría muchos más delincuentes y asesinos, considerando los millones de padres que no saben o no pueden educar bien— el asunto es mucho más complejo. Mi argumento en este libro se resume ahora muy brevemente en las respuestas a tres preguntas relacionadas:

a) ¿Es cierto que la violencia de los hijos hacia los padres es, ante todo, un exponente de la ineptitud de los padres como educadores? Y si esto es así,

b) ¿Ahora los padres son más incompetentes de lo que eran antes?

c) Y si la respuesta es de nuevo afirmativa: ¿por qué?

En primer lugar, hay bastantes pruebas de que muchos hijos pueden ser profundamente indisciplinados y violentos sin que los padres sean los instigadores —por su dejadez o porque ellos mismos son erráticos y violentos— de esa forma de ser. Me consta que muchos de los padres que han venido a verme se han preocupado y se siguen preocupando *realmente* de sus hijos. Otra cuestión es si esos padres han hecho todo lo humanamente posible para evitar ese resultado, es decir, *si no hubieran podido hacerlo mejor caso de que hubieran contado con la asistencia y ayuda necesarias.* Esta es otra cuestión, y desde luego la respuesta con frecuencia tendría que ser en este punto necesariamente afirmativa. Ahora bien, no me parece honesto en este caso decir que los padres «tienen la culpa», porque los padres lo hicieron lo mejor que supieron, y objetivamente eso que hicieron *hubiera bastado en una gran mayoría de niños* para que su formación hubiera estado libre de esos problemas.

Dicho esto, no hay duda de que muchos padres son negligentes, o simplemente no saben cómo educar a sus hijos. Javier Elzo, profesor de la Universidad de Deusto, ha declarado que aproximadamente un 40 % de los padres, en sus respuestas a una encuesta de la Fundación de Ayuda a la Drogadicción, reconoce no saber cómo hacer frente a las dificultades que les plantean sus hijos en su educación. Luego sí creo que la tiranía de muchos de estos hijos se puede deber a que sus padres no saben muy bien cómo proceder cuando éstos son difíciles en su trato. Sin embargo, opino que la responsabilidad de los padres es menor cuanto más profunda y precoz es la violencia de los hijos, con la excepción de aquellas familias que maltratan a sus hijos o los desatienden gravemente, y son los clientes habituales de los servicios sociales. En tales casos uno ve que la violencia se transmite a través de las generaciones: unos padres que no deberían haber tenido hijos —por su incapacidad para llevar una vida de provecho, alejados del alcohol, los robos o las drogas— tienen hijos que reproducen esos mismos patrones de marginación y delincuencia. Aquí los padres incompetentes tienen hijos violentos, sin duda.

Pero el tema de este libro es otro, es por qué en nuestras familias no «marginales» surgen ahora tantos hijos tiranos de sus padres, que los hacen objeto de humillaciones, amenazas y actos de violencia. Y, contestando a la segunda pregunta, he de decir que sí, que yo creo que *ahora los padres son más incompetentes de lo que eran los padres de otras generaciones.*

Sin embargo, esa «incompetencia» no puede atribuirse en toda su extensión a la responsabilidad de los padres. Hoy en día hay muchos factores que dificultan la educación —o la *socialización*, que es palabra muy querida para los educadores— de los hijos por los padres; no es simplemente que los padres no quieran educar, o que no hayan aprendido a hacerlo.

Resulta sorprendente, a priori, que los padres ahora sean peores educadores, cuando tienen un nivel de estudios como nunca ha tenido generación alguna de nuestro país, y cuando los índices de cultura y bienestar son igualmente elevados para las clases medias.

Sin embargo, deberíamos echar un vistazo más cercano a la sociedad de hoy, por una parte, y a la filosofía educativa que preside la acción educativa de los padres y de la sociedad, por otra. Ambos aspectos son centrales en mi argumento para contestar a la tercera pregunta (¿por qué los padres ahora son menos eficaces educando a sus hijos?).

Por una parte, si bien el avance de la tecnología y la economía ha elevado de modo extraordinario la comodidad y seguridad de los ciudadanos, eso se ha visto acompañado por un desarrollo brutal del consumismo y del deseo de obtener los bienes de ese consumo y las satisfacciones de modo inmediato. En dos palabras: como modo de producir dinero y riqueza, España (y todo Occidente en verdad) ha creado un hedonismo como filosofía de consumo vital, que incita a disponer de las cosas o actividades cuanto antes. Además, el éxito y el prestigio social se han puesto en la cantidad y rapidez con que las familias y los individuos pueden acceder a ese consumo.

En segundo lugar, y de modo muy relacionado, nunca había existido una sociedad como la actual donde fuera más obvia la senda para desviarse, donde las tentaciones para «vivir aprisa y sin las zarandajas de la disciplina» fueran tan abundantes. Sexo[1] y pornografía, drogas y alcohol, glorificación de la violencia... todo está al alcance de la mano, en múltiples rincones de las grandes ciudades, en televisión e Internet. Delinquir hoy es mucho más fácil que antes: hay más dinero, hay más bienes que son «imprescindibles», y a esto se añade que «pasarlo bien» huyendo de la responsabilidad es también mucho más fácil (alcohol y drogas).

En tercer lugar, y en relación con los niños, cada vez la sociedad ha retrasado el momento en que éstos deben de contribuir al bien común, adoptando roles de responsabilidad. Esto en parte ha sido una exigencia del propio proceso de formación actual, que exige mayor tiempo para el aprendizaje de los conocimientos y habilidades necesarios para desempeñar un trabajo en el mercado. Pero también ha sido el resultado de un grave error, a mi juicio, consistente en creer que todos los jóvenes pueden esperar tranquilamente el momento en que pueden hacer algo útil para los demás. Sencillamente, hay chicos que necesitan a los 14 años verse personas útiles en un cierto sentido social, aunque su remuneración fuera poco más que simbólica. Pero, bien al contrario, la filosofía imperante se concreta en este mensaje a los chicos: «Tenéis todas las oportunidades para formaros, y dinero para disfrutar de cosas, sacad provecho de todo esto y luego ya nos devolveréis lo invertido, siendo buenos ciudadanos y padres de familia».

El problema es que este mensaje —«ahora no os exijo nada, luego espero que os portéis bien»— no es una buena idea cuando se aplica a muchos chicos que tienen un temperamento difícil, o a padres más ocupados o estresados de lo que resultaría aconsejable. Estos chicos, acostumbrados a la vida muelle de una sociedad

1. Según las últimas estadísticas, los abortos en adolescentes han aumentado en 50.000 en los últimos diez años.

consumista, no aprenden a controlarse, no desarrollan normas morales que les obliguen a ser responsables y optan por la tiranía con sus padres, por el abuso de compañeros de colegio, y muchas veces por el consumo de alcohol o drogas de modo regular.

En cuarto lugar, en contra de lo que pudiera pensarse, los padres muchas veces tienen un panorama menos alentador que el que ofrece sus títulos académicos o sus trabajos. Estos padres tienen una presión en sus trabajos que antes no existía. En efecto, sólo hace quince o veinte años —cuando ellos eran los hijos— el mundo laboral era mucho más estático y predecible. Cualquier empleado podía esperar quizás a jubilarse en la primera o segunda empresa en la que entraba a prestar sus servicios. Por otra parte, la actualización en su profesión no era algo absolutamente necesario: con la experiencia en su trabajo y los estudios cursados uno que no fuera muy ambicioso podía desempeñar de modo aceptable su cometido. Todo esto ha cambiado: la tecnología, la «sociedad de la información» ha cambiado el mundo del trabajo, de la economía y en verdad ha transformado el propio mundo. También la movilidad y —lo que es mucho peor— la precariedad laboral se han convertido en prácticas habituales del mercado. Ya nadie puede sentirse seguro, es necesario estar alerta, presto para competir con mayor virulencia si no queremos perder el tren y con él… nuestro empleo. Es necesario «reciclarse», mostrarse «creativo», sacar provecho de los cacharros tecnológicos que cada día prometen ser una «solución» para un nuevo «problema».

Pero los padres tienen un problema más cercano todavía. Mi quinto argumento es que la relación, los roles que han de cumplir, distan mucho de ser claros. En una sociedad donde hay que moverse mucho para llegar a fin de mes (y tener muchos de los productos «imprescindibles»), ¿quién se tiene que ocupar de los niños?, ¿cómo conciliar el papel de madre y de trabajadora, cuando el sueldo de ella es necesario para pagar un precio desorbitado por la vivienda? La tasa de divorcios crece, y los matrimonios demuestran no saber cómo hacer frente a tantas presiones e incertidumbres. Los roles de «hombre» y de «mujer» en la relación conyugal se difuminan, y no todos están capacitados para resolverlos en armonía. La consecuencia son matrimonios rotos con muchos chicos viviendo sólo con su madre.

Y finalmente, mi sexto argumento, y lo que considero en parte resultado de todo lo anterior, y por ello mi idea principal acerca de por qué los padres han perdido capacidad como educadores, es que la sociedad ha perdido el objetivo principal de toda educación humana: crear conciencia, desarrollar un fuerte código moral acerca de lo que está bien y lo que está mal. La conciencia, el sentimiento de responsabilidad y de culpa vinculado a un desarrollo pleno de las emociones morales, ha pasado de moda, metido en el paquete de lo «obsoleto», de lo «trasnochado». Y obrando de esta manera, hemos cometido un grave error. La figura 1 representa en un gráfico mis seis argumentos. En el resto del libro los discuto y analizo, y espero arrojar alguna luz a los padres interesados en no tener hijos tiranos.

Una palabra para terminar. No estoy a favor de una sociedad estancada en prácticas obsoletas. Creo que muchas cosas de hoy suponen un claro progreso. Pero también pienso que los problemas hay que encararlos, y cuando surgen desequilibrios importantes es necesario preguntarse por qué suceden. No creo que podamos decir que hoy en día nuestra sociedad no «tiene valores»; los tiene, y muchos de ellos son excelentes. Sin embargo, también se cometen errores, y olvidar la conciencia y el sentimiento de culpa ha sido quizás el producto de los tiempos, no lo sé, pero se trata de un pilar antropológico del ser humano, y no sólo de una o de varias religiones. Mi opinión es que la búsqueda de una sociedad secular ha sido confundida con la obtención de un hombre «sin complejos», y con la falsa creencia de que la conciencia era en realidad uno de esos complejos. Y ciertamente no lo es, sino que es más bien el mismo vértice de la humanidad, el funda-

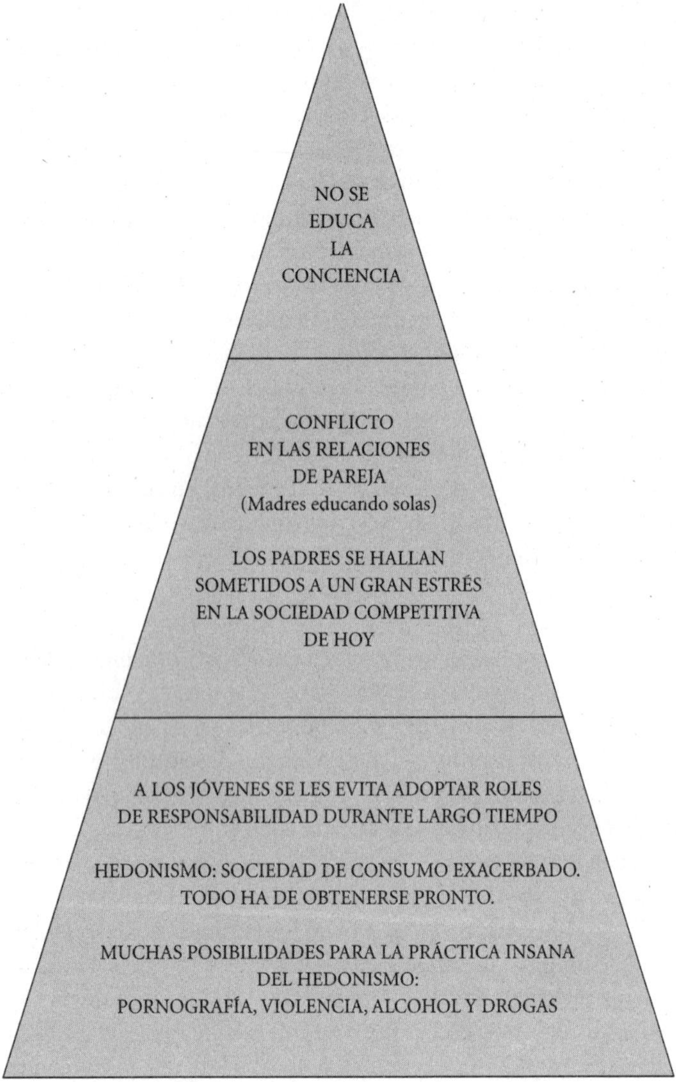

FIG. 1.1. *Seis argumentos para la dificultad de educar a los hijos hoy.*

mento que posibilita *sentirse y actuar como seres humanos* de acuerdo a los valores que hemos construido desde el principio de la historia. Nada más, y nada menos.

El siguiente capítulo ofrece una rápida visión acerca de la naturaleza humana con el objetivo de entender por qué los sentimientos morales y la conciencia constituyen una parte ineludible de nuestra especie.

Capítulo 2

La naturaleza humana

Los hijos tiranos, egoístas e insensibles ante las necesidades de los demás, y en particular ante los lazos de cariño que tendrían que impedirles tratar de forma vejatoria a sus padres, se nos presentan como un enigma. ¿Qué sucede en su interior, qué ha ocurrido en ellos para que se produzca esa negación del amor filial? En este capítulo me ocupo de recordar al lector unas ideas esenciales sobre la naturaleza del ser humano, porque en los casos más intensos los hijos tiranos parecen al margen de esa condición. Por otra parte, es mi propósito poner de relieve que cuando descuidamos la conciencia en la educación de los niños, damos la espalda a la realidad más esencial de esa naturaleza.

El ser humano es egoísta y altruista

En nuestros días es creencia dominante considerar que el ser humano es, por naturaleza, un sujeto egoísta, y que incluso cuando hace algo por los demás, por su familia incluso, busca siempre como fin último un bien para sí, aunque sólo sea la satisfacción interior de sentirse bien. La ley, la amenaza del castigo y la prisión, de la muerte en ciertos casos, tendría como misión someter a control ese deseo perenne de tomar ventaja de los demás, de apropiarse de lo que sea necesario para asegurar el bienestar y el poder de uno dentro del grupo. Como la persona es un ser racional —sigue esta línea de pensamiento— se abstendrá de la violencia y del delito si el castigo que se deriva de ello —impuesto por la autoridad de la sociedad o del grupo— supera al placer o beneficio que espera alcanzar por su acto egoísta y prohibido.

Esta creencia, sin embargo, está rebatida por la moderna investigación de la antropología y la psicología. En el desarrollo del hombre como especie existieron, desde el inicio de la sociedad humana, tanto motivaciones egoístas como motivaciones altruistas, entendiendo por altruismo la actuación que beneficia al otro sin esperar nada a cambio. Y la propia satisfacción de sentirse bien no puede anular el carácter altruista de esos actos, porque esa sensación subjetiva de haber actuado con integridad —es decir, de acuerdo a los principios morales de la persona— es una consecuencia de la acción, y no la causa. Además, hay ocasiones donde el sujeto altruista no sabe siquiera si va a disponer de la posibilidad de «sentirse bien», como le ocurrió al joven David Guerrero.

El 7 de enero de 1996 David Guerrero Rueda tenía 23 años, y era cabo de la Guardia Real. Ya pasaban de las dos y media de la madrugada, y estaba caminando junto a su novia y cinco amigos más. Alguien sugirió comer algo, porque a esas horas volvían a tener hambre. En la calle Concha Espina de Madrid se toparon con un Burger King, y David se adelantó para preguntar si todavía estaban a tiempo de entrar y comer una hamburguesa.

Un minuto antes, exactamente a las 2.44 horas del domingo 7 de enero, dos jóvenes que llevaban gafas negras penetraron en el establecimiento. Vestían pantalón vaquero y cazadora. Uno de ellos portaba una pistola.

Cuando David entró en el *burger* a las 2.45 horas, su destino se había sellado. Nada más entrar, vio que uno de los bandidos estaba apuntando con el revólver a la cajera. De inmediato, *sin pensar*, David ordenó al atracador: «¡Deja a esa chica!». Éste, por toda respuesta, volvió el cañón de su arma hacia el guardia real y disparó dos veces. David murió casi al instante.

Es difícil ver aquí dónde está el «beneficio personal» de la acción emprendida por David; ni siquiera pudo ver si había logrado auxiliar a la chica por la que había intercedido, su vida le fue arrebatada de inmediato. La cuestión es que somos tanto egoístas como altruistas por naturaleza, y en otras ocasiones una misma acción puede estar motivada tanto por impulsos egoístas como altruistas. Por ejemplo, puedo estar solícito con mi tía y cuidarla con esmero mientras está enferma. Lo hago porque la quiero, porque ella se ha ocupado de mí muchas veces cuando mis padres no podían, y siempre ha sido bondadosa y divertida. No obstante, también espero que este año en mi cumpleaños se acuerde de que me hacía ilusión ese equipo tan caro de submarinismo del que le he hablado tanto últimamente... Yo la cuidaría igual si no esperara esa dádiva tan generosa, pero confío en que vea cuánto la quiero y que vuelva a ser espléndida conmigo. Muchos de los comportamientos de los seres humanos tienen esta dualidad, pero ello no debe de hacernos olvidar tantas veces en que el altruismo es real, y sin ningún interés añadido.

Un ser moral

Muy probablemente ese motivo altruista procede de la necesidad evolutiva de la lucha por la supervivencia. Antes se creía que sólo podía aplicarse la teoría de la supervivencia de los más aptos al individuo, pero modernamente una vuelta a los textos originales de Darwin pone en evidencia que él también pensó que la lucha por sobrevivir podía aplicarse igualmente a los grupos (ver nota 1). Y si dos grupos o comunidades tenían que pelear por la comida o el dominio de un territorio y sus recursos, ¿qué grupo tendría más probabilidad de salir victorioso? La respuesta que tenemos ahora apoya la idea siguiente: los grupos humanos dispuestos a ayudarse entre sí serían, a la larga, los vencedores, y por ello se reproducirían con mayor probabilidad que los grupos donde sólo reinara el interés egoísta e individual. En estos grupos no existiría una moral de grupo, un espíritu de unión, y cuando alguien se sintiera débil o resultara herido no podría esperar que los demás le ayudaran, sino todo lo contrario; su destino sería que lo dejaran morir y que se repartieran sus pertenencias.

Probablemente este es el origen del sentido moral en la persona: si tenemos que colaborar para sobrevivir, si establecemos el código de conducta de que he de privarme de parte de mi comida para que tú puedas comer cuando estás herido y no puedas cazar (porque yo esperaré que hagas lo mismo cuando yo caiga herido), entonces adoptamos un modo de ser en el que «lo bueno» y «lo malo» ha de establecerse con claridad, ha de ser respetado y —lo más importante— ha de ser enseñado y transmitido de generación en generación.

Luego el egoísmo es sólo una cara del ser humano; la violencia (que cuando es ilegítima siempre es una consecuencia de impulsos egoístas) para lograr lo que uno quiere es sólo una posibilidad. La otra es seguir un código de valores, unas guías que nos indiquen lo que esté bien y lo que esté mal, lo que es justo y lo que es una villanía. A esas normas de conducta las llamamos creencias, valores o principios morales. El gran psicólogo evolutivo Jerome Kagan ha reflejado esta idea con meridiana claridad: «Los humanos son la única especie que valora simbólicamente sus actos, ideas, y sentimientos con una perspectiva moral y están motivados para considerarse a sí mismos como buenos [...] no se puede explicar una parte sustancial del comportamiento humano sin reconocer ese poderoso motivo moral».

He de decir que el egoísmo no siempre es sinónimo de comportamiento malévolo o negativo hacia los demás. Como parte de nuestro legado evolutivo, es absolutamente necesario para que podamos sobrevivir. En el sentido antropológico son los impulsos de satisfacción personal los que nos llevan al esfuerzo y la superación, a querer destacar y cuidar de nuestra salud. El egoísmo se convierte en algo moralmente reprobable cuando implica que una persona no está dispuesta a ayudar a nada que no sea su propio beneficio. Si esa conducta es algo habitual en el individuo y lo consideramos como rasgo psicológico que lo caracteriza, entonces se denomina *egocentrismo,* término que destaca que el yo de alguien es el centro exclusivo de sus preocupaciones y decisiones.

Doctor Jekyll y Mister Hyde

Así pues, el legado de la evolución ha dejado espacio para una amplia variación entre las personas acerca de la importancia que pueden tener en la vida el egoísmo y el altruismo. Ese legado es algo que podemos aceptar, rechazar, o tratar de transformar. Por eso cada sujeto tiene que orientar su vida en la dualidad entre lo justo y lo injusto, lo bueno y lo malo. No puede escapar a esa lucha, aunque lo pretenda con excusas y racionalizaciones. Precisamente esa huida es la fantasía de Jeckyll, uno de los dos personajes de la clásica obra de R.L. Stevenson, *El extraño caso del Dr. Jekyll y Mr. Hyde.*

Stevenson nos muestra a un doctor —Jekyll— que quiere separar la capacidad para hacer el bien y la capacidad para el mal que tiene todo ser humano en dos personalidades; la del bien la reserva para él mismo, en cuanto doctor que ayuda a los enfermos y tiene un trato solícito con la gente; la del mal la confina a la detestable figura de Mr. Hyde. Esa separación la consigue a través de una droga. Aquí nos cuenta cómo concibió su plan (las cursivas son mías):

> Día tras día, y en las dos facetas de mi inteligencia, la moral y la intelectual, me fui acercando, pues, cada vez más a esa verdad por cuyo descubrimiento parcial he sido condenado a tan espan-

> tosa catástrofe: el hombre no es realmente uno, sino dos (...) Si cada uno de ellos, me decía, pudieran alojarse en identidades distintas, la vida se vería exonerada de todo cuanto es insoportable; el injusto podría seguir su camino, liberado de las aspiraciones y remordimientos de su doble más íntegro; y el justo podría recorrer con firmeza y tenacidad su senda ascendente, haciendo las buenas obras en las que encuentra placer, *sin exponerse más a la ignominia y al remordimiento a causa de un mal ajeno a él.* Precisamente era una maldición para la humanidad que esas incongruentes parcelas estuviesen así unidas..., que esos dobles opuestos tuvieran que enfrentarse continuamente en las atormentadas entrañas de la conciencia. ¿Cómo podían, pues, disociarse?

El Dr. Jekyll busca una quimera, pues la principal lección que se puede extraer de esta historia es que estamos condenados a pelear agónicamente —como individuos y como sociedad— *entre y por* esa dualidad. Como todos conocemos, poco a poco el doctor acaba perdiendo la opción de elegir quién ser a voluntad; y así, la personalidad perversa de Hyde es cada vez más recurrente, y Jekyll sólo ve la posibilidad de liberarse del monstruo que él ha creado con su propia muerte. Lo trascendente del fracaso del experimento del Dr. Jekyll se halla en el hecho de que Mr. Hyde cada vez regresa con más frecuencia a poseer el espíritu del doctor, y éste nada puede hacer para detener el proceso, porque al querer librarse de la responsabilidad como ser humano (al derivar hacia su otro yo —Hyde— los actos perversos) perdió toda opción para volver a tener el control de su vida. Éste, en suma, exige el esfuerzo permanente y continuo contra la bestia, contra Mr. Hyde.

> Los placeres que me apresuré a buscar bajo este disfraz fueron, como he dicho, indecorosos; no me atrevería a emplear un término más severo. Pero, en manos de Edward Hyde, pronto empezaron a derivar hacia lo monstruoso. Cuando volvía de aquellas correrías, a menudo me sumía en una especie de asombro ante mi

> vicaria depravación. Aquel demonio familiar que hice surgir de mi propia alma, y solté para que hiciese cuanto se le antojara, era un ser de una maldad y vileza inherentes; todos sus actos y pensamientos se centraban en sí mismo; bebía el placer con avidez bestial infligiendo a los demás toda clase de torturas; era tan implacable como un hombre de piedra. Henry Jekyll se horrorizaba a veces ante los actos de Edward Hyde; pero la situación estaba al margen de las leyes ordinarias, y se evadía insidiosamente del control de la conciencia.

Y al evadirse del control de la conciencia, llegó el momento en que el monstruo se apoderó de él. Porque no querer saber, negarse a comprender la complejidad de la vida humana y a tomar decisiones basadas en nuestro juicio sobre lo que es bueno o malo es un acto de renuncia vital. Cuando Jekyll quiere tener la libertad de ser malvado sin pagar las consecuencias de ello renuncia en verdad a ser completamente humano.

Es un ser libre y racional

Para que pueda decidir sobre lo que está bien o mal, ha de ser una entidad libre, y además dotado, precisamente, de esa capacidad de decidir que llamamos razonamiento.

La racionalidad es la capacidad que tiene el ser humano de elaborar argumentos (construcciones que dependen del lenguaje) para orientar su conducta. La racionalidad orientada a tomar decisiones sobre nuestra vida, a orientarnos sobre lo que nos conviene o nos daña, se denomina «razón práctica». Así, si yo digo: «mi amigo no me ha devuelto el dinero que le presté, luego no merece mi confianza», he utilizado mi razón para conducir mi vida (con acierto o sin él, ya que quizás mi amigo tuvo un buen motivo para no devolverme el dinero, pero esa es otra cuestión).

«Razonar», para lo que yo pretendo aquí, ha de entenderse entonces como la capacidad que tenemos para decidir sobre lo que tenemos que hacer, sobre las razones para actuar. Cuando los niños dejan de hacer las cosas por imitación de los mayores o porque temen enojarlos, y en su lugar empiezan a tomar decisiones en función de lo que ellos creen que es mejor o peor dadas las circunstancias, decimos que están empezando a manejar *su razón práctica de modo independiente.* Este proceso culmina en la adolescencia y primera juventud, época en la que actuamos —aunque no siempre: es el caso de las personas impedidas mentalmente, de los que están bajo la influencia de sustancias, de los que viven coaccionados o atemorizados— como «razonadores independientes».

Así pues, el meollo del asunto está en que el ser humano ha de decidir, por sí mismo, cómo quiere vivir. Es obvio que presuponemos que su razonamiento hace uso de su libertad, de su consciencia *de ser que ha de tomar decisiones,* que ha de reflexionar sobre lo que quiere, lo que puede y lo que debe hacer. «Me intriga muchísimo el hecho de que seamos criaturas conscientes. Somos los únicos seres que saben que existen. Esa conciencia ocasiona toda nuestra felicidad y toda nuestra miseria», ha dicho el historiador Alberto Manguel.

En efecto, de un modo superior a como lo puede hacer cualquier otro ser de la creación, el hombre ha de pensar en lo que va a ser su vida, y tiene que construirla con la ayuda de una capacidad imposible para cualquier otra especie: «la conciencia de un futuro imaginado», para la que se requiere la imaginación creadora, ya que debe ser capaz de proyectar diversos futuros posibles para él, porque la existencia de diversas posibilidades como ser humano ofrece poder encaminarse hacia una serie u otra de resultados, de metas vitales que espera obtener.

En la inmortal obra *Frankestein o el moderno prometeo*, de Mary Shelley, Victor Frankestein, el creador del monstruo, se lamenta de las obras criminales que son responsabilidad de la criatura por él creada, y en su tortura espiritual clama: «¡Ay! ¿Por qué se enorgullece el hombre de poseer una sensibilidad superior a la que se aprecia en las bestias? [...]. Si nuestros impulsos se limitaran al hambre, la sed y el deseo, seríamos prácticamente libres...». Pero, en efecto, tiene «sensibilidad», aquí empleada esta palabra como sinónimo de capacidad para razonar, y ella recuerda dolorosamente al hombre que es responsable (cautivo) de los efectos de sus actos decididos libremente. De ahí que el atormentado científico, de modo paradójico, añore «la libertad» que proporcionaría no tener que decidir, sino sólo ser fiel a los dictados de las necesidades que nos igualan a las bestias sin conciencia de sí.

Es vulnerable y dependiente

Hasta ahora hemos visto que el ser humano puede ser egoísta o altruista, o ambas cosas a la vez. Que una sociedad o un individuo desarrolle de forma equilibrada ambas posibilidades vitales va a depender de muchos factores: del lugar en el que nazca, de su salud, de las circunstancias que le atormenten o le hagan dichoso, de su educación... Pero también depende de su razonamiento, de lo que decida hacer libremente. Su razón práctica, cuando se aplica a lo que es correcto hacer o no hacer, se convierte en razonamiento moral. Es ella la que orienta al individuo, y le da razones para lo bueno y para lo malo frente a multitud de situaciones.

La moralidad del ser humano es vital para la supervivencia de la especie. En una sociedad amoral, donde las personas estuvieran libres de creencias acerca de lo que es justo o injusto, sólo podría prosperar la ley de la violencia y del crimen. Porque el ser humano es vulnerable y dependiente, nuestro sentido moral nos sirve para crear lazos de reciprocidad y de entrega altruista: «hago esto por ti porque tú harías lo mismo por mí», y todavía más: «hago esto por ti porque mis principios me exigen que actúe así, aunque tú no te comportaras del mismo modo».

Sin esa integridad moral —la exigencia de actuar de acuerdo con lo que a uno le dicta su conciencia— sería muy difícil vivir. Siempre me ha parecido la historia de Helen Keller y Ana Sullivan un sublime ejemplo tanto de la dependencia y vulnerabilidad del ser humano, como de la voluntad y excelencia moral puesta al servicio de la vocación personal.

Helen Keller nació en 1880, en un pequeño pueblo del estado de Alabama, en Estados Unidos. Cuando tenía dos años sufrió una fiebre repentina que se le retiró de igual modo, pero entre medias se quedó sorda y ciega, lo que la aisló del mundo e impidió también que pudiera hablar. Los cinco años en que anduvo al cuidado de sus padres la convirtieron en una niña salvaje, desesperada por no poder entender al mundo. «Algunas veces —escribió más tarde en su libro autobiográfico *La historia de mi vida* (1903)— permanecía de pie entre dos personas que estaban hablando y tocaba sus labios con la punta de mis dedos. No podía entenderles, y me sentía exasperada. Movía mis labios y gesticulaba de modo frenético, sin ningún resultado. A veces estaba tan enojada que daba patadas a cualquier cosa y gritaba hasta que me quedaba exhausta».

Con la ayuda de Ana Sullivan, su institutriz, comenzó un largo proceso con el objetivo de llegar a comprender que el mundo podía tener un sentido, y que ella podía relacionarse con él. Ana Sullivan —ella misma una mujer que tuvo que aprender a superar una deficiencia visual muy grave, dedicando su vida a ser maestra de niños con minusvalías— le enseñó sucesivamente el lenguaje de los sordomudos por el tacto, la escritura, el empleo de la máquina de escribir, y, en 1890 ¡el uso de la palabra! Publicó también varios libros, y además de su autobiografía escribió *Luz en la oscuridad* (1913) y *Dejadme tener confianza* (1940). Helen Keller incluso llegó a graduarse en varias universidades, y su increíble gesta fue llevada al teatro y posteriormente al cine en la película *El Milagro de Ana Sullivan.*

El periodista Bradly Smith entrevistó a Helen para la revista *Cosmopolitan* en diciembre de 1954. Antes de que comience la conversación, la secretaria de Helen desde la muerte de Ana Sullivan en 1936, Polly Thomson, explica a Smith el mejor modo de comunicarse entre ambos: «Yo plantearía una pregunta y ella la deletrearía sobre la mano de Helen con ayuda del alfabeto manual de los ciegos y mudos, que permite indicar las diferentes letras merced a determinadas presiones de los dedos sobre la palma de la mano del interlocutor. A continuación, Helen respondería utilizando el mismo alfabeto o empleando la voz que nunca ha escuchado. En alguna ocasión, me aclaró Polly, tendría que traducirme el lenguaje hablado de Helen. Más tarde descubrí que conseguía entenderla con bastante claridad la mayoría de las veces.»

«Es difícil describir a Helen Keller —continúa el periodista de *Cosmopolitan*—. Aunque ciega, parece verlo todo. Es sorda, pero presta oídos a un mundo que le habla. Posee la cualidad de hacerle a uno sentirse feliz de estar junto a ella gracias a su dicha interior». Helen tenía ya 74 años, y hacía muchos que había fallecido Ana Sullivan. Su historia es una prueba indeleble de que el coraje no tiene por qué sucumbir ante el dolor y las dificultades aparentemente insalvables. Helen estaba siendo mal atendida por sus padres, no porque ellos no la quisieran, sino porque no fueron capaces de comprender que la profunda discapacidad de su hija exigía de ellos una exigencia férrea para obligarla a que se hiciera *plenamente humana*, a que diera el salto del gesto irracional al entendimiento racional, donde habita la palabra y el concepto. Ana Sullivan entendió de inmediato que con sus padres en casa, jamás podría tener la suficiente ascendencia sobre Helen para que ella tuviera que aprender que las cosas tenían un nombre. La historia de ambas ilustra la profunda vulnerabilidad que puede llegar a poseer el ser humano, y cómo su extrema dependencia de sus cuidadores y maestros puede conducir al triunfo de una vida plena.

Ana logró quedarse a solas con Helen en una cabaña, y empezó a crear el milagro que era ahora esa señora mayor, sentada y dialogante en su jardín, laureada por el presidente Roosevelt, que asombraba al periodista Bradly Smith. No es de extrañar, por tanto, que cuando éste le pregunta: «¿Cuál ha sido el descubrimiento más memorable que ha hecho en su vida?, ella le conteste: «Fue un momento que jamás olvidaré. Estaba sola y era incapaz de comunicarme con nadie. No sabía cómo se llamaba nada. Ni siquiera sabía que las cosas tuvieran nombres. Entonces, un día, tras probar suerte con diferentes métodos, mi maestra [Ana Sullivan] me puso la mano bajo la bomba del agua de nuestra granja. Mientras el agua fresca corría por la palma de mi mano, ella deletreó la palabra *agua* sobre mi otra mano. La deletreó una y otra vez, y de repente supe que las cosas tenían nombre y que jamás volvería a estar realmente sola».

Helen Keller no solamente logró una gesta admirable que perdura como un icono de voluntad y coraje hasta nuestros días, fue también una mujer innovadora, adelantada en sus opiniones y costumbres, que dijo que «yo no me considero una minusválida. Una persona está incapacitada cuando es incapaz de superarlo». Sin duda Ana Sullivan hizo un gran trabajo.

El desafío entre el bien y el mal

Nos quedamos con una idea importante para el siguiente capítulo: el ser humano debe elegir, en sus actos, entre el bien y el mal. No puede sustraerse a este debate. Antropológicamente está equipado con ambas tendencias: la selección natural le permitió conservar el impulso egoísta y el altruista. Como los personajes de Shelley y Stevenson, no puede renunciar a preguntarse qué quiere hacer con su vida, hacia dónde va a dirigirse. Es un ser racional y libre, pero también dependiente y vulnerable. Necesita a los otros, pero puede optar entre unirse a ellos por los lazos del compromiso moral o bien por violentarlos y tomar de ellos lo que necesite. Es una cuestión de conciencia.

Capítulo 3

El gran fracaso de la conciencia

En el capítulo anterior introduje el concepto de «conciencia», y es importante ahora profundizar en lo que significa para el propósito de este libro.

Decidir lo que es está bien o mal, tomar la opción de hacer algo o de abstenerse de hacerlo cuando tiene repercusiones perniciosas sobre la sociedad o la gente que me rodea, es algo más que una cuestión racional: es una cuestión moral. Un comportamiento que está muy influido también por las emociones de la persona. Nuestra visión acerca de la naturaleza humana se completa en este capítulo: lo que une a gente como David Guerrero y Ana Sullivan es su profunda conciencia.

¿Qué es la conciencia?

La conciencia es mucho más que el deseo de mantener una imagen ante los demás, lo que podríamos llamar la imagen pública. Tampoco es el deseo de evitar la desaprobación de los demás o el castigo por parte de la autoridad que ha de juzgarnos. Finalmente, tampoco la conciencia puede suponerse porque el agente de la acción haya actuado de forma bondadosa: incluso sujetos crueles pueden tener gestos positivos, episodios de generosidad que objetivamente hayan beneficiado a uno o a muchos.

La conciencia es algo que se construye en el mundo de los afectos, de los sentimientos. Las personas tenemos conciencia porque somos capaces de relacionarnos emocionalmente con los demás: porque sentimos compasión, piedad, amor hacia los que nos rodean, porque tenemos la sensación íntima de que no podemos maltratar a los otros —aunque no los conozcamos—, porque nos exige actuar de acuerdo a unos criterios morales que nos dicen lo que podemos hacer y lo que no. «La conciencia no existe sin un vínculo emocional hacia alguien o algo, y de este modo la conciencia está íntimamente unida con el conjunto de emociones que llamamos "amor"», escribe la psicóloga y profesora de Harvard Marta Stout. La conciencia es nuestra guía moral, la que nos pone unas obligaciones hacia los otros, la que nos exige ser responsables de nuestros actos, y esto es posible porque hemos desarrollado la capacidad de preocuparnos por el bienestar de esos otros, porque somos capaces de querer y de aceptar ese amor de ellos.

Cuando la conciencia está ausente la vida se reduce a una competición donde lo que importa es ganar, y las personas no son sino piezas de un juego que pueden ser usadas o sacrificadas en aras del interés del que pretende ganar ese juego. Sólo unos pocos emplean la violencia física, pero el resto ejerce una violencia moral dirigida a confundir y controlar al contrario. Cuando el valor de las relaciones personales está bajo mínimos la dominación es lo único que queda de esa relación, entonces llega el reino de la tiranía.

La conciencia y el desarrollo moral

El razonamiento moral es el compañero intelectual de la conciencia. El razonamiento moral es el proceso del pensamiento que asiste a la conciencia y le ayuda a decidir qué es lo que hay que hacer. Si lo intentamos, podemos expresar nuestro razonamiento moral en forma de palabras, conceptos y principios. Por ejemplo, yo puedo decir que «una persona no obra mal si roba un medicamento que precisa su esposa para no morir, porque la vida está por encima del deber de respetar la propiedad». De este modo, cuando emitimos un juicio moral estamos expresando nuestro pensamiento sobre lo que hay que hacer moralmente en una situación concreta.

Ahora bien, la gente varía acerca de lo que considera o no correcto en las diferentes situaciones o dilemas morales con los que se encuentra. Por ejemplo, la psicóloga Carol Gilligan demostró que las mujeres, a diferencia de los hombres, se orientan principalmente en sus decisiones por lo que ella llamó la «ética del cuidado», es decir, por la necesidad de actuar de acuerdo a los vínculos de amor y compasión que establecen con la gente. En cambio otros trabajos más clásicos habían destacado la importancia de la «ética racional», donde lo correcto o incorrecto se fundamenta en la idea de la justicia, al margen de las emociones y amor que podamos sentir por los otros.

Con el tiempo hemos visto que hombres y mujeres emplean muchas veces la ética de la justicia y la ética del cuidado, y que las personas y las sociedades varían en las razones que encuentran para valorar moralmente un acto.

«Sin embargo [a fin de cuentas] hay un aspecto más esencial, mucho más variable y profundo —escribe Marta Stout—. Este elemento es nuestro sentido de un desafío irrenunciable entre las fuerzas morales. Parece que la dualidad entre lo bueno y lo malo es algo universal entre el género humano». En efecto, como expliqué en el capítulo precedente, una mujer de la India, y un hombre de Brasil esperarían que yo tuviera esa capacidad para decidir, en una situación determinada, entre lo que es bueno y malo. Y al margen de todo relativismo cultural, tendrían derecho a esperar que yo pudiera actuar, en el plano de mi conciencia y emociones, del modo que satisficiera la máxima de respetar la integridad moral y la vida de las personas implicadas por encima de todo.

Insisto: esto no es lo mismo que el juicio moral. El razonamiento moral —el modo en que pensamos cuando estamos frente a un dilema moral— varía con el sexo, con la edad y con la cultura. Lo que yo piense sobre el terrorismo, por ejemplo, puede diferir mucho de lo que piense alguien que viva en Palestina o en Pakistán. No obstante, escribe Marta Stout, «un tipo de elemento humano milagroso permanece constante —con ciertas excepciones— para todos nosotros: el vínculo profundo a otros seres humanos [...] la comprensión de que todos dependemos de todos. Y cualquiera que sea el origen de esa comprensión, esta es la esencia de la conciencia».

Es difícil imaginar no tener conciencia

La presencia o ausencia de conciencia es una profunda división humana, mucho más importante que la inteligencia, la etnia o incluso el sexo. Las personas que poseemos conciencia no la notamos en la vida diaria, es como respirar, un reflejo vital. Salvo situaciones excepcionales —cuando nuestra moral es puesta a prueba de modo sorprendente, por ejemplo, por el encuentro azaroso de una cartera llena de dinero en cualquier lugar— no tenemos que decidir habitualmente si alimentamos a nuestros hijos, si tratamos de modo honesto a nuestros clientes, o si debemos coger dinero de la máquina registradora de la tienda... Por eso nos parece tan chocante que alguien «olvide» hacer esas mismas cosas: que no alimente a su hijo durante dos días, que sierre las patas de los perros de una protectora de animales (como ocurrió hace tres años en Terrassa), que un letrado se apropie del dinero que el seguro ha puesto en sus manos como abogado de una mujer que ha quedado tetrapléjica tras un accidente (como hizo el abogado Luis Pinillos con su clienta Barnadeta)... Y en verdad resulta difícil imaginar que el problema de lo que vemos y oímos está en la falta de conciencia del autor, porque ciertamente requiere de un gran esfuerzo por nuestra parte imaginar eso.

No es lo mismo que la depresión, o el «ataque de nervios» tras una pérdida dolorosa. Esta y otras situaciones las experimentamos muchos de forma cotidiana, en un momento u otro de nuestras vidas, pero, ¿cómo será el mundo sin conciencia?; ¿cómo podemos percibir la realidad si estamos *moralmente ciegos*, si la realidad —con las alegrías y los pesares de los que nos rodean— no nos afecta más que como un balance puramente egoísta, que nos beneficia o nos perjudica?

Pero ya que esperamos que la gente tenga conciencia, nos resulta difícil ver *que no está cuando debería de estar,* salvo que se haga muy obvio a través de gestos brutales que nos conmocionan. Además, si la persona sin conciencia es nuestro hijo, la dificultad en *comprender realmente* el hecho se hace mayor, porque buscamos con mayor hincapié cualquier otra razón que pueda explicar lo sucedido: los celos de un hermano, la tensión derivada de los estudios, las malas relaciones con los amigos que le han dejado de lado, la dificultad de adaptación a un nuevo país (cuando los niños vienen de fuera para ser adoptados aquí)... cualquier cosa vale antes que pensar que el problema está en el carácter, en el «modo de ser» del hijo. Ya que la ausencia de culpa, la frialdad absoluta ante el dolor que se causa en otro ser humano, es algo que va más allá de nuestra imaginación, nos quedamos paralizados y sin comprender nada cuando somos testigos de actos que manifiestan, claramente, esa libertad frente a los sentimientos ajenos.

¿Cuál es sino la fuente de nuestra angustia ante casos como el homicidio de Sandra Palo, esa chica con síndrome de Down que resultó violada, torturada y finalmente asesinada por una jauría de jóvenes?

¿Por qué nos resulta tan difícil de creer que un joven de 16 años se levante un día, después de haber meditado y esperado la mejor oportunidad, y destroce a sus padres y hermana minusválida a golpes de catana?

Nos quedamos sin palabras porque no nos podemos creer lo que vemos o leemos: no es posible que haya gente sin conciencia, que no sienta nada ante el sufrimiento y destrucción que lleva a la vida de otro. Y sí, en actos de esta índole es cuando la culpa y las otras emociones morales (la compasión, la piedad, la responsabilidad por el bien del otro) destacan *por no estar cuando deberían estar*. En el relato siguiente es notable la conciencia porque, ausente en los verdugos, sin embargo se hace de notar con ocasión de un nuevo ultraje en alguien que sí la poseía.

La violación de Fatiha

Se trata de una violación múltiple: unos agresores magrebíes atacan a una mujer de su misma etnia. Los personajes que me interesan especialmente son: Fatiha, la víctima, el joven de 16 años Ramula, y un espectador de excepción: Abdelkader. Leamos unas líneas del aséptico relato de los hechos que escribieron los jueces:

> Entre las 20 y 21 horas del día 14 de mayo de 1997, en las proximidades de la explanada de San Lorenzo de esta ciudad, el acusado Hassan, nacido en 1978 y sin antecedentes penales, abordó a Fatiha, ciudadana argelina nacida en 1946 y que se encontraba clandestinamente en Melilla, y al tiempo que le tapaba la boca la arrastró a un lugar próximo en donde estaban los también acusados, Hamed, nacido en 1980, Ramula, que en aquel entonces contaba con 16 años de edad cumplidos, Mohamed, nacido en 1972 y Abdelkader, nacido en 1967, todos ellos sin antecedentes penales.

Vemos aquí la existencia de una premeditación en el delito, aunque no fuera de largo. Al menos debió ocurrir que, minutos antes, si otearon a la víctima, decidieran la realización de la violación. Muchas agresiones sexuales, la mayoría, se consuman de este modo: alguien —o algunos— deciden momentos antes, quizás horas, que tal persona puede ser una buena oportunidad para «pasarlo bien». En otras ocasiones no hay una persona definida, y es sólo el azar quien designa a la víctima.

Probablemente, éste sería el caso aquí. Un grupo esperaba la llegada de la víctima propiciatoria, o bien, habiéndola visto un rato antes, o conociéndola superficialmente, decidieron que una mujer «sin papeles» no se atrevería luego a denunciarles. Lo cierto es que un joven de 19 años —en el momento de los hechos—, Hassan, sorprende, reduce y arrastra a Fatiha al lugar donde espera el grupo. A partir de ahí, todo se sucede rápidamente.

> Hassan arroja a Fatiha contra el suelo al tiempo que, sujetada por Mohamed y Hamed, la ponen boca abajo y despojan de los pantalones y ropa interior. En esta situación es penetrada analmente y de forma sucesiva por Hassan, Mohamed y Hamed, los cuales sujetaban a Fatiha, haciendo caso omiso de sus llantos y ruegos de «que la dejaran, que era muy mayor», propinándole algunos golpes en el rostro y costillas.

Por encima de todo, se trata de una agresión donde la mujer ha sido objeto de una fuerte despersonalización, *es decir, la han despojado de su carácter humano*. Ni siquiera hay un contacto cara a cara, ya que esa visión quitaría anonimato a la acción. No hablamos aquí del miedo de los violadores a ser reconocidos, sino del miedo a que el horror de la víctima, sus gestos *visualizados*, mostrados en la inmediatez de la acción, penetraran por poros de humanidad imperfectamente clausurados para esa ocasión. Puesto que de eso se trata, de actuar como un grupo que hace de la violencia ciega su único propósito.

Se entiende así que de poco sirvieran los ruegos y llantos de Fatiha. Ella misma se reconoce como una víctima «impropia», inusual, debido a su edad. En efecto, con 50 años en el momento de ser agredida, su miedo y su espanto debían ir aparejados con una mueca de incredulidad: «¡esto no me puede estar pasando a mí!», debió decirse. Como comentamos hace unas líneas, ese reparo de la mujer yaciente contra su voluntad en el suelo tenía su base lógica y científica, puesto que los violadores suelen elegir mujeres mucho más jóvenes.

Los golpes «en el rostro y en las costillas» son un claro elemento de amedrentamiento. El mensaje es: «colabora o lo pasarás peor». Una vez que el grupo decide tomar una personalidad única, a modo de fusión malévola de todas las individualidades que lo conforman, no es fácil que se detenga.

Ahora bien, esa pequeña tragedia —inmensa, sin embargo, para la víctima— se desarrollaba en un escenario donde, además de los actores principales (Fatiha y los tres asaltantes) existían, en el fondo, dos espectadores anómalos, testigos privilegiados de toda la situación.

> Durante todo este tiempo Abdelkader estuvo de pie parado mirando lo que ocurría; por su parte Ramula se dedicaba a esnifar pegamento. Cuando los otros tres acusados terminaron de penetrar a Fatiha, obligan a Ramula a que también la penetre por vía anal, lo que procediendo ejecuta entre sollozos. Una vez que Ramula concluyó el coito anal, Fatiha, arrastrándose, intentó marcharse, siendo golpeada por Abdelkader en el pie, quedando Fatiha tendida en el suelo, mientras que los acusados abandonaban el lugar.

Uno de ellos, Ramula, parecía ajeno a lo que ocurría, ocupado como estaba en esnifar pegamento. Acababa de cumplir los 16 años, y aun cuando no hiciera nada por auxiliar a la mujer, está claro que no deseaba en modo alguno hacerle daño. De hecho, se resiste cuando los violadores le conminan a que realice una nueva penetración anal, y aun cuando la ejecuta, no puede evitar llorar, lo hace «entre sollozos».

No es difícil comprender la profunda tribulación del muchacho. La víctima tiene una edad que bien podría corresponderse con la de su madre; además, muy probablemente, nunca había sido autor de un hecho así. El tribunal declara que no contaba con antecedentes penales, y si bien tal expresión podía dejar de reflejar ciertos deslices e infracciones más o menos serias de la legalidad, es mucho más difícil que, sin antecedentes registrados, fuera culpable de otro hecho similar en el pasado.

El chico, salta a la vista, *no ha ocultado del todo su conciencia;* no puede dejar de ver a la víctima como una mujer, como una persona a la que él no desea dañar. Mientras él estaba ajeno a todo —lo cual ya implica una cierta desatención hacia el valor humano de la persona que allí estaba sufriendo— podría escapar de una situación en la que él no intervenía y, por consiguiente, «ni le iba ni le venía». Pero, por encima de todo, consumir la droga —esnifando pegamento— era su preocupación principal, y en puridad sería más cierto quizás decir que el chico no estaba «de verdad» en esa situación. Sólo entró en ella de forma brutal cuando su grupo le forzó a ello. ¿Por qué hicieron esto?

Muy probablemente, se trataba de hacer «un hombre a este chico». Para los agresores era un escalón superior de goce en el dolor de la víctima, pues nada sacaban con ello más que reírse del tremendo apuro de Ramula y experimentar la sensación de poder y de *voyeurismo* sexual de la nueva humillación de Fatiha.

Ahora bien, ¿y qué sucede con el otro espectador de esta historia? ¿Qué pasa con Abdelkader? Él no tiene 16 años, sino 30. Pero tampoco participa en la agresión, ni es obligado a hacerlo. No colaboró tampoco en dejar a Fatiha a merced del grupo. ¿Qué hacía, entonces, ahí, cuál era su meta al permanecer «de pie, mirando lo que ocurría», «entre las 20 y 21 horas del día 14 de mayo de 1997, en las proximidades de la explanada de San Lorenzo»?

Sólo podemos conjeturar. Lo único cierto es que no hizo nada, o mejor *casi nada,* comparando su acción con la tremenda violencia de sus amigos. Recordemos: «Una vez que Ramula concluyó el coito anal, ésta arrastrándose intentó marcharse, *siendo golpeada por Abdelkader en el pie,* quedando Fatiha tendida en el suelo, mientras que los acusados abandonaban el lugar». Intervino, pero lo hizo sin participar para nada en la violación; lo suyo fue sólo un gesto, la guinda final de la salvaje agresión, la digna bajada del telón de esa tragedia. Así, con Fatiha ya definitivamente derrotada, dolorida y sojuzgada, Abdelkader puede sumarse, psicológicamente, al esfuerzo del grupo. Es un modo de decir a sus compañeros: «Chicos, a mí no me apetece violar a esta vieja, pero estoy con vosotros». Abdelkader no cuenta con las emociones morales (la empatía, la piedad, la compasión) que le instigue a hacer algo, y por ello obra sin conciencia.

Huelga decir que la situación tenía todos los requisitos de aquélla que concita la intervención de los sujetos altruistas, de los que sí tienen conciencia: el peligro de la mujer era inminente; no había ambigüedad posible acerca de la violencia de la acción, ni duda alguna de que la víctima deseaba como agua de mayo ser ayudada para escapar de sus agresores. A buen seguro, Abdelkader podría haber impedido o al menos seriamente dificultado la acción de sus compañeros. Podría haberse marchado, pretextando algo así como «divertíos vosotros, yo no quiero ver esto», y a continuación haber llamado a la policía. Podría, en fin, haber intentado disuadir de un modo u otro a los agresores, pero no lo hizo: no tuvo conciencia.

Por ello es evidente que la carencia no estaba en la situación, sino en el mismo Abdelkader. Él no se estaba drogando, sino que más bien estaba allí, de pie, mirando, mirando fijamente. Quizás disfrutó viendo aquello, no sabemos. Lo que sí es seguro es que no le molestó mirar, porque de lo contrario hubiera dejado de hacerlo, se hubiera ido, y desde luego no hubiera zancadilleado a Fatiha. Pero es igualmente evidente que Abdelkader se sentía miembro del grupo, y se conformaba a sus propósitos y métodos, al menos en esa acción, y al menos con el consentimiento —por no oponerse activamente a que se consumara— del hecho. No disponía Abdelkader de ninguna norma prescriptiva que le obligara a actuar en beneficio de esa desvalida, nada por lo que «tuviera que hacerlo».

El gran fracaso

En general creemos que no hay nadie malo o bueno al 100 %, y probablemente tendremos razón. Nuestro espíritu camina muchas veces entre las sombras, y es muy difícil que exista una sola persona que no tenga recovecos que puedan avergonzarla. Y sí, debemos de convenir, haciendo uso de lo que sabemos de la naturaleza humana, que incluso alguien tan asombroso en su ejercicio de la crueldad como el doctor Josef Mengele, criminal de guerra nazi que ejerció como señor de la vida y la muerte en el campo de exterminio de Auschwitz, quería —o al menos respetaba— a su familia y fue leal al partido nazi mientras éste existió, que en ciertos aspectos de su vida podía hacer favores y tratar amablemente a determinadas personas. Al fin y al cabo, cuando su hijo va a verle muchos años después de la segunda guerra mundial a su refugio de Brasil, el padre se indigna porque su hijo crea todas esas «patrañas» de que él torturaba y mataba a niños y madres para hacer sus experimentos. Sin embargo, si una persona no desarrolla una conciencia, si no está unido a la gente mediante vínculos emocionales, entonces está mucho más preparada que cualquier otra para explotarla, humillarla y dominarla.

Así pues, la naturaleza humana, aunque lejos de ser perfecta, está gobernada generalmente por un sentido profundo de reciprocidad y conexión. Los horrores que vemos en la crónica de sucesos —y que algunas veces tenemos que soportar en nuestra propia vida—no reflejan a la humanidad en un sentido amplio. Muchos de esos actos son producidos por personas que no guardan sentimientos morales, que no poseen conciencia, por psicópatas.

Un número importante de los hijos tiranos son psicópatas, o están desarrollando esa condición durante la niñez. Un número muy superior muestran rasgos importantes de psicopatía, aunque no llegan a desarrollarla del todo. Cuando un joven muestra un carácter desprovisto de conciencia, está presentando una psicopatía, un trastorno de personalidad que no afecta a la percepción de la realidad, que no impide distinguir entre lo correcto y lo incorrecto, pero que señala una vida volcada a la manipulación y explotación de los otros.

¿Perturbación psicológica o perturbación moral?

Sin embargo, ¿tiene sentido hablar de un carácter como desprovisto de conciencia? ¿No estaremos simplemente introduciendo un término médico o psicológico para describir simplemente la maldad? Comprendo esta duda —yo mismo la he tenido en alguna ocasión—: en la sociedad en la que vivimos parece que siempre buscamos poner una etiqueta a lo que antes, naturalmente, considerábamos simplemente como «bueno» o «malo».

Pero desgraciadamente no es así. Desde principios del siglo XIX la investigación y estudios de casos sobre los sujetos sin conciencia se acumula como una verdad imparable: hay sujetos que no sufren lo más mínimo por el daño que causan a los otros. Incluso los sujetos con una personalidad narcisista tienen una sensación interna de miseria y de frustración por ser como son: cuando llegamos ante el joven psicópata, esta pequeña esperanza desaparece si el trastorno está plenamente integrado en su vida. Así que, realmente, lo más terrible sobre esta condición de falta de emociones morales es que nos arroja a la cara una pregunta que todavía no podemos resolver de modo plenamente satisfactorio: ¿de qué modo la libertad de estos jóvenes se ve mermada por su condición? Esta pregunta —y otras relacionadas— la analizaré en próximos capítulos, cuando plantee medidas necesarias y urgentes a tomar por parte de los poderes públicos. Pero no quiero dejar de reconocer aquí que la tiranía moral ejercida por personas que piensan estando bien conectadas con la realidad, es ahora una de las lagunas más clamorosas en la agenda de la psiquiatría, la psicología y ciencias colaboradoras. Como ha escrito la profesora Martha Stout: «Ningún otro diagnóstico causa tantas preguntas embarazosas. Los psicópatas, con su violencia tan extendida, desde el maltrato a la mujer hasta la justificación de cualquier vejación, constituyen la frontera última y más aterradora».

Capítulo 4

El síndrome del emperador

La gran naturalista Jane Goodall escribió a propósito de los chimpancés que ella estudiaba, que «tienen un rico repertorio de conductas que sirven para mantener o restaurar la armonía social [...] Así, comparten la comida. Y se muestran preocupados por aquellos que están enfermos o heridos». En 1996, un gorila hembra de ocho años, Binti Jua, recogía en sus brazos a un niño de tres que había caído al foso y se encontraba malherido, lo protegía de eventuales ataques del resto del grupo y lo entregaba por una puerta de servicio a los cuidadores del parque.

Los chimpancés y los gorilas, primos hermanos del hombre, nos recuerdan que dentro de nosotros hay una fuente natural para la ayuda y el sacrificio. La conciencia tiene raíces muy profundas en la escalera evolutiva, y la naturalidad de esas conductas de ayuda entre los simios contrasta en profundo claroscuro con los hijos tiranos.

El poder del emperador

Fernando, de 17 años, entró en su casa el 15 de julio de 2001 con una idea muy definida. Había esperado pacientemente que su padre se marchara a trabajar. Su vida hasta ahora estaba dedicada a pasarlo bien, y no quería seguir padeciendo estrecheces. Se dedicó a registrar la casa, en busca de dinero. Pero tenía que hacer algo más. Entró en la habitación de su madre; ella estaba plácidamente durmiendo. Llevaba dos cuchillos y una espada ciertamente grande, y entonces la atacó mortalmente: le hundió la espada en la cabeza, y le clavó los cuchillos en el cuerpo, «sin que ésta pudiera llegar a reaccionar», de acuerdo con la sentencia.

¿Cómo iba a poder reaccionar esta infeliz madre? ¿Podía ella imaginarse que su propio hijo iba a negarle el mínimo de *humanidad* que observan los chimpancés de Jane Goodall? El jurado consideró que Fernando no padecía ninguna enfermedad psíquica ni estaba afectado por el alcohol o la droga cuando perpetró el asesinato. ¿Entonces, qué es lo que padecía en verdad Fernando?

Los jóvenes con una psicopatía que maltratan (o incluso asesinan) a sus padres representan el extremo de lo que denomino el síndrome del emperador: el modo de ser caracterizado por una profunda ausencia de conciencia y un comportamiento orientado a explotar y abusar de sus progenitores. Los emperadores de Roma podían decidir sobre la vida y la muerte con sólo levantar o bajar el pulgar, y sabido es que se creían representantes de los dioses en la tierra. Su voluntad tenía que ser respetada, de lo contrario su cólera estaba asegurada.

Estos jóvenes que amenazan, extorsionan y golpean a sus padres son la moderna representación en la cotidiana sociedad occidental de este síndrome. No todos los que lo padecen son psicópatas, como veremos en el siguiente capítulo, pero sí los casos donde se manifiesta más persistencia y violencia en el abuso. El «poder» del emperador se pone de relieve cuando el joven es contrariado, entonces ha de vengarse y castigar a los que han *osado* incumplir su voluntad.

Un nuevo caso de mis archivos personales: Joaquín lleva tiempo exigiendo a sus padres una moto de gran cilindrada. Está cansado de esperar. Sus padres tuvieron ya que alejar a su hermana mayor de casa porque las peleas eran brutales, y Joaquín no parecía poder soportar cualquier «deferencia hacia ella». Una vez que aprobó el COU está sin hacer nada, en espera de poder encontrar algo que realmente le satisfaga. Hace tiempo que espera que sus padres «hagan algo» acerca de esa moto.

Lleva años insultando gravemente a su madre, pero nunca ha sido físicamente violento. Ahora, sin embargo, sus padres tienen miedo. Desde hace unas semanas no les habla. Se comunica con ellos por medio de notas manuscritas, en las que plantea sus exigencias o reivindicaciones: «Estoy harto de vuestra incompetencia. Os concedo treinta días para que las cosas se vayan definiendo». Los padres no quieren claudicar, es una petición irrazonable. Las notas se suceden: «Sois los peores padres del mundo, unos auténticos HIJOS DE PUTA» (mayúsculas en el original). El tiempo pasa, y el nerviosismo de los padres va en aumento. «Espero ver pronto progresos. Quiero que me dejéis una lista con las posibles vías de financiación que estéis estudiando. Sois los peores padres del mundo. SI NO TENGO NOTICIAS PRONTO, ESPERAD CONSECUENCIAS TERRIBLES».

Trastorno antisocial de la personalidad, psicopatía e hijos tiranos

Muchos profesionales de la salud mental denominan a la condición que se caracteriza por la ausencia de una conciencia como *trastorno antisocial de la personalidad*. Su diagnóstico exige que la persona en particular posea al menos tres de las siguientes características: (1) incapacidad para cumplir con las leyes y normas de la sociedad; (2) engaño y manipulación; (3) impulsividad, actuar sin pensar en las consecuencias; (4) irritabilidad y agresividad; (5) despreocupación temeraria por la propia seguridad o la de los demás; (6) irresponsabilidad, huida de las obligaciones, y (7) falta de remordimientos o sentimientos de culpa por haber herido, maltratado o dañado de alguna forma a otras personas.

Sin embargo, la personalidad antisocial llega a ser mucho más peligrosa si se acompaña de rasgos que son propiamente descritos como pertenecientes al trastorno conocido como *psicopatía.* Muchos psiquiatras y psicólogos emplean de forma indistinta ambos términos —personalidad antisocial y psicopatía— pero en este libro mantengo la idea de que el psicópata tiene rasgos de personalidad que lo hacen mucho más temible.

En primer lugar tenemos un encanto peculiar, extraño porque es falso o superficial, aunque sea efectivo en el logro de sus tretas con sus víctimas. Decimos de él que tiene un «carisma propio», un talante que le hace más sugerente, o quizás atractivo, o más «complejo», si queremos emplear esta palabra para referirnos a algo que no llegamos nunca a conocer bien. Este carisma suele esconder un ego de gran intensidad; el convencimiento oculto de que uno es muy superior a los otros, y que tener que aceptar las instrucciones —y mucho peor las órdenes— de los que tienen autoridad sobre él (los padres, los jefes, los monitores en un campamento, los policías) es una molestia que puede llegar a ser exasperante.

En segundo lugar, los psicópatas son célebres por su incapacidad para sentir las emociones morales básicas, como si su corazón estuviera protegido por una fina membrana de sentimientos humanos como la compasión, la piedad y... (por supuesto) el amor. Es realmente sorprendente la incapacidad del psicópata para vincularse de manera honesta y sincera con alguien, y este es el origen de su enorme fracaso: dado que no puede querer a nadie, que no puede sentirse concernido por el bienestar del que forma parte de su familia o es su amigo —porque es éste quien le brinda su afecto—el contacto humano que establece es, por encima de todo, de dominación, de control, de manipulación. El «otro» es alguien que puede contabilizarse como un obstáculo o un recurso a favor de sus propósitos, *pero no como alguien con el que expresarse como ser humano.*

Pero ya se trate de un hijo con personalidad antisocial o con psicopatía, destaca en ellos un trato explotador, una amenaza franca o bien oculta y más sutil, que quizás se convierte en causa de mayor desasosiego porque nos induce a la ansiedad por algo que es más difícil de explicar que un acto de violencia obvio. Nos inquieta este chico porque no reacciona con normalidad a nuestras acciones; cuando queremos explicarle las cosas *no parece que entienda de verdad*; quizás escucha, pero lo hace con la esperanza de que acabemos pronto porque su auténtico ser está a años luz de lo que le estamos diciendo. Su conducta es, en el mejor de los casos, un grandioso ejercicio de irresponsabilidad y mentira. Y en el peor, una exhibición clara y diáfana de maltrato y humillación: nos insulta, nos ofende, nos roba, nos golpea... Es un tirano en nuestra casa, y nosotros, sus padres, no sabemos qué hacer.

Estadísticas para el desasosiego

Es difícil averiguar cuál es la presencia de la personalidad antisocial o de la psicopatía en la sociedad actual. Los valores oscilan entre el 2 % y el 4 % de la población de un país, si bien afecta mucho más a los chicos que a las chicas (siete u ocho veces más, por eso hablo en general de «él», y no de «ella»; ver nota 1). Para España, esto significa, en números redondos, casi un millón (2 %) o dos millones (4 %) de afectados, y dado que este trastorno aparece en la infancia y alcanza su mayor virulencia en la adolescencia y primera edad adulta, hemos de convenir que ese millón o dos millones de españoles ya manifestaron sus peculiaridades de carácter en su familia. *Siempre el adulto con personalidad antisocial fue un joven que ya poseía y exhibió ese trastorno.*

Para comprender la importancia de esa cifra será útil disponer de datos comparativos con otras enfermedades. La anorexia parece estar en torno al 3,43 %, y muchos investigadores hablan de ella como una de las modernas epidemias. La esquizofrenia se sitúa en torno al 1 %. La prevalencia del cáncer de colon es de aproximadamente 40 por 100.000, que es 50 veces menos que la personalidad antisocial o la psicopatía estimada en el 2 %. Mi opinión personal es que, dada la habilidad peculiar de los jóvenes y adultos antisociales para ocultar lo que son (engañan con mucha frecuencia a sus entrevistadores), el valor real debe de estar más cerca del 4 % que del 2 %, pero esta es una cuestión menor, que no nos debe distraer de lo realmente importante: que hay muchos jóvenes en nuestra sociedad que poseen el trastorno de la personalidad antisocial o la psicopatía, y que son éstos, mayoritariamente, los que constituyen el grupo más numeroso y cruel de los hijos tiranos.

La psicopatía es el trastorno más temible que existe, ya que, como ya sabemos, implica la ausencia de la fuerza que nos hace realmente humanos: la conciencia y las emociones morales que la sustenta. ¿Qué cosas podríamos hacer si no tuviéramos la constricción de la conciencia? Ya de adultos, si tenemos inteligencia y buenos estudios, y contactos poderosos... podemos hacer lo que queramos.

Pero también podemos anhelar, simplemente, el placer de tener a alguien bajo control, de sentir el poder, la subida de la adrenalina que otorga el dominio, y para ello se puede ser un ejecutivo, un artista, un profesor, un padre, un voluntario en una ONG... cualquiera.

O podemos cebarnos en gente más aplicada, valiosa y atractiva que nosotros. «Esto no es sólo una buena forma de divertirse; es una venganza existencial», escribe Marta Stout. Es una *venganza*, en primer lugar, porque odia a quien obtiene más brillo y triunfos que él, y entonces esa persona ha de saber que no puede hacerle sombra, no puede ser más que el «emperador». Es *existencial*, en segundo lugar, porque esa necesidad de castigo procede de su forma más íntima de ver y entender el mundo. En estos casos tenemos al matón, al acosador en la escuela o en el trabajo. Recordemos el caso de Jokin, humillado y ridiculizado por algunos de sus compañeros de colegio con una saña asombrosa, hasta que lo llevaron al suicidio.

En los casos más graves los psicópatas devienen en asesinos, violadores, y en las circunstancias adecuadas en terroristas y líderes de sectas.

Pero existe también la variedad del psicópata sin un gran deseo de poder, y entonces tenemos al parásito, al que emplea su encanto y sus mañas para vivir a costa de los que tienen algún interés para él, sean los padres, el cónyuge o los amigos o compañeros de trabajo. Esta variedad sólo recurrirá a la violencia si se ve «obligado» a renunciar a algo que realmente le hace sentir cómodo, y no dispone de otras víctimas a las que explotar.

El caso de Rosalía

El caso de Rosalía es importante porque pone de relieve el profundo desconocimiento que, desgraciadamente, existe todavía en muchos profesionales de los servicios de menores en nuestro país, que les lleva a confundir al tirano con el tiranizado. Provistos todavía de una ideología que les impide reconocer la veracidad de los hechos, creen a pies juntillas que siempre que hay un niño con problemas hay unos padres culpables. El resultado es que al dolor de tener que hacerse cargo de un hijo tirano se suma la acusación de las autoridades que deberían de ayudar a los padres por su propio bien pero también por el bien del niño.

Luisa adopta a Rosalía (8 años) y a su hermana Elena (5) en un país de Centroamérica y, como es habitual, pide que las niñas que vaya a adoptar no tengan trastornos psíquicos o de conducta graves. Sin embargo, y como suele ocurrir con cierta frecuencia, «los informes médicos que me dieron no merecían ese nombre, ya que recogían poco más que el peso, la talla, las vacunas y un análisis del Sida». Dejo hablar a Luisa:

> El día que conocí a Rosalía y a Elena yo llevaba lo que me habían aconsejado: dos peluches y bombones, y estaba tan emocionada y deseosa del encuentro como muchos padres en esas circunstancias. Rosalía entró en la habitación sonriendo y me saludó con un «Hola mamá» desenvuelto y natural, que me llegó al cora-

zón; aceptó el peluche y los bombones y no mostró ni miedo ni timidez. Elena, por el contrario, traía la cabeza gacha y parecía asustada. A los pocos minutos se echó a llorar desconsoladamente [...]. La psicóloga me dijo que Rosalía había preguntado si yo le pegaría como lo había hecho su madre. Me dio una inmensa pena y pensé que con cariño y la buena vida que le esperaba dejaría atrás esa vida anterior. Me creía muy capaz de educarla con amor, paciencia y poniendo límites... De Elena me dijo que era tímida y que le gustaba jugar sola. Y contestó con un «pregúntele a la abogada» a casi todas las demás preguntas que llevaba preparadas. Y poco más me dijo, a pesar del año que las dos llevaban en el albergue y de lo charlatana que es Rosalía.

Mi opinión es que la inmensa mayoría de los niños que son adoptados en el extranjero (países del Este de Europa y de América hispana, principalmente) son niños que harán la felicidad de sus padres, que sólo necesitan el amor y los recursos que la suerte les ha negado hasta ahora. Pero al mismo tiempo (y como ya se ha constatado en otros países, por ejemplo en Estados Unidos) no es ético que las autoridades oculten la realidad de los niños que sufren de una personalidad antisocial o psicopatía para que puedan ser adoptados y, con ello, librar al país de su mantenimiento y de las cargas que, con toda probabilidad en esos países —apenas dotados de recursos asistenciales especializados para niños— van a acarrear. Y es un acto de grave irresponsabilidad (por no decir que es un abierto engaño) hacer depositarios de esa carga a una madre o unos padres que van a ejercer una obra de amor y generosidad.

Sigue Luisa contando su experiencia:

Rosalía se comportó desde el principio con Elena de un modo dominante y absorbente y parecía sentir un secreto placer en hacerla rabiar continuamente, haciéndole mil y una cosas que sabía positivamente que le iban a molestar [...] A veces simplemente el gesto ya hacía que Elena saliera corriendo, o llorara. Le

> regañaba por cosas ridículas, desempeñando el papel de madre autoritaria. Jugaba a extraños juegos en los que su hermana era Blancanieves y ella era la Madrastra que quería matarla. Otras veces Rosalía jugaba a que se emborrachaba y entonces pegaba a las muñecas de Elena. Y nunca parecía realmente contenta ni satisfecha más que cuando hacía rabiar a su hermana.

Cualquiera que tenga dos hijos sabe que la rivalidad entre ellos es cosa natural. Pero aquí es digno de mencionar, primero, que Rosalía se presenta como una chica encantadora, desenvuelta, muy agradable. En segundo lugar, que su conducta hacia su hermana es siempre de hostilidad, *siempre* se comunica con su hermana para transmitirle miedo o amenaza. En un niño normal los sentimientos de ira por la rivalidad se alternan con conductas de colaboración, con «treguas» donde no hay animadversión. En la medida en que las emociones morales se van asentando en el niño, su capacidad para aprovecharse o maltratar al otro disminuye. La empatía empieza a hacer difícil una agresión grave, porque progresivamente se obtiene la capacidad de comprender y de sentir las cosas que él provoca en el otro. Y ese «otro» es cada vez más —como si fuera la imagen de una foto que va ganando nitidez— un ser humano al que no se puede herir de forma gratuita. Con el tiempo, el desarrollo cognitivo del niño va siendo capaz de aprender y asimilar normas de conducta (las creencias y los valores) sobre lo que se puede hacer o está mal llevar a cabo, sobre lo bueno y lo malo. Pero esas normas morales sólo son útiles si previamente el niño ha ido desarrollando sus emociones morales, su conciencia. Cuando quebramos una norma moral sentimos culpa porque sentimos el dolor de defraudar las expectativas que los otros tienen de nosotros, porque lamentamos no ser íntegros con el modo de ser que nos hemos forjado a través de compartir y querer a nuestra familia primero, y luego a amigos y mediante el trato con otras personas. *Si no hay previamente una capacidad de relación emocional con los demás, la culpa no puede hacer su aparición.*

Sigue Luisa:

> El primer «combate» vino estando todavía en Centroamérica. Durante la cena apagué la tele, y Rosalía la volvió a encender. Se la apagué de nuevo, y la encendió varias veces más aprovechando mis descuidos. Tampoco había querido cambiarse la ropa limpia por un chándal (ya manchado de comida) para la cena, a pesar de que se lo había pedido mostrándole mis dedos picados de los lavados a mano, ya que en el apartamento no teníamos lavadora. La regañé, la cogí y la llevé al dormitorio, y le dije que cenaría cuando se cambiara de ropa. Y apagué la tele.
>
> Empezó a llorar a voz en grito, mientras me miraba con mucha rabia. Le dije que cuando se calmara podría cenar. Pero continuó gritando durante casi dos horas más. Yo me asusté. También Elena se abrazó a mí. No obstante, tenía muy claro que cada uno de mis comportamientos y de mis reacciones estaba sentando un precedente. Me mantuve en aparente calma por fuera, que no por dentro, hasta que finalmente se calló, se cambió de ropa y salió a cenar.

Luisa está actuando bien como madre y educadora. Sola en un país extraño, a la espera de regresar a casa, tiene que empezar a tomar decisiones acerca de la educación de la niña que sabe que son importantes para el futuro de la relación. Está asustada por el comportamiento de Rosalía. ¡Parecía antes tan agradable y colaboradora! Pero no se amilana, *quiere ser su madre y quererla*, darle una nueva oportunidad en el «primer mundo»:

> Días más tarde fuimos invitadas a pasar el fin de semana en casa de la familia que nos había dado alojamiento durante los primeros días de estancia en ese país. Personas amables que nos ayudaron de mil maneras. Allí Rosalía robó el reloj de la dueña de la casa, aprovechando que ésta se duchaba. Cuando de vuelta a nuestro apartamento le pregunté de dónde había sacado ese reloj, me contestó sonriendo y con la mayor naturalidad y descaro que se lo había quitado a nuestra anfitriona.

Lo que sigue es una pesadilla para Luisa. Durante cinco años lucha a brazo partido para enderezar a su hija, pero todo es inútil. Se suceden los robos compulsivos, las mentiras continuas, las situaciones de violencia, la desobediencia malévola y calculada, los comportamientos inexplicables (acumulación de basura, pintarrajeo de paredes, etcétera). La psicopatía de su hija es grave,[1] y es muy difícil —imposible en verdad— para una madre sola con otra hija hacerle frente. Lleva a Rosalía a diversos especialistas. A la unidad de salud mental infantil de su ciudad, donde la diagnostican de un «trastorno disocial en niños no socializados», estableciéndose un tratamiento consistente en «orientación a la madre, un sistema de apoyo y control de conductas y apoyo medicamentoso». También recurre a especialistas privados. Uno de ellos cuenta que Rosalía se presentó de la siguiente forma: «yo escribo la verdad. Usted sólo tiene que leerla y ya está». En las entrevistas cuenta que su madre biológica era prostituta y alcohólica, y que ya empezó a robar cuando vivía con ella: «Me quedaba con el dinero que me devolvían en la tienda [donde iba a comprar alcohol para su madre]. Le cobraba así a mi madre el tiempo que ella le dedicaba a los hombres y no me dedicaba a mí». Y más adelante: «Coger cosas, mentir, esconder basuras, agredir a mi hermana son cosas que las hago porque me gustan y a pesar de lo que eso suponga. Es un vicio [...]. Nunca pienso en las consecuencias que tendrá lo que hago. Siempre que pienso en las consecuencias de lo que hago, me digo que cuando llegue el momento ya lo arreglaré».

En su informe concluye este psicólogo: «La menor no es del todo consciente de la existencia de otras personas como individuos separados de ella misma que tienen sus necesidades propias. No ha desarrollado la capacidad de sentimiento de culpa ni padece ansiedad depresiva. Siente rabia frente al mundo que le rodea por no satisfacer sus deseos inmediatos, razón por la que vive una sensación permanente de vacío y aburrimiento. Su inteligencia es superior a

1. En niños pequeños se emplea el término diagnóstico de «trastorno disocial».

la media y su historial clínico revela una incapacidad de desarrollar lazos afectivos. Usa la mentira para evitar responsabilidades por su conducta. Sitúa sistemáticamente en el exterior sus problemas».

Es extraordinariamente revelador los propios escritos de la niña, donde a instancias de Luisa se sincera por completo y muestra sin tapujos sus auténticos sentimientos (he corregido la grafía original, muy llena de errores ortográficos, no así la sintaxis; las cursivas son mías):

> [...] Una de las cosas que he pensado de ti ha sido que mamá me odia, yo la odio, la estrangularía, es tonta... yo sé que tengo mucha maldad dentro... He pegado a mi hermana, empujado, pillado los dedos y decir que es sin querer, cuando es mentira... no hay ninguna persona a la que odie más que a mamá y Elena... le he pillado los dedos con la puerta con los cajones, se los he pisado queriendo. *No me extraña que me tenga tanto miedo...* Para que mamá se enfureciera no hice la hoja que me faltaba, yo pensé, mi madre es una tonta la odio... es una puta, la estrangularía... A mí me gusta fastidiar porque creo que si yo sufro los demás también tienen que sufrir... quiero vengarme de todo lo que me ha pasado... a veces me siento indiferente y me da igual que a la persona que le haya hecho daño sufra de dolor. Yo, la mayoría de las veces no siento nada, sólo me da igual... Cuando hago daño a mi familia me siento indiferente... no siento nunca pena, tristeza o dolor por esa persona, y ni mucho menos nunca he conseguido ponerme en el lugar en el que sufre... A mi hermana le hacía que se pusiera a llorar, sin que ella me hiciera nada, *lo hacía por diversión...* He sentido odio hacia mi hermana, he pensado quiero verla con cara de susto y huyendo, me da ganas de estrangularla...

Me consta que Luisa es una madre del todo competente. Tiene mucha experiencia con niños, y está llena de recursos morales y un profundo sentido común. Así lo reconoció la Agencia Internacional de Adopción, donde puede leerse, entre otras cosas, que posee «una gran humanidad, presencia de valores, gran deseo en tener la experiencia de ser madre, proyecto educativo muy lucido y satisfactorio, equilibrio emocional, mucha disponibilidad para dar y recibir afecto, gran madurez».

Pero los síntomas de Rosalía son muy graves, y ni siquiera alguien tan preparada como Luisa puede ayudarla. La niña presenta el elemento más esencial de los psicópatas: *la conciencia de que pueden obtener poder dando miedo, atemorizando, y el deseo de disfrutar haciendo daño a los demás.*

Sin embargo, para mi asombro, cuando Luisa —exhausta ya de una relación que además pone en peligro a su otra hija— acude a los servicios del menor de su comunidad para que la ingresen en un centro y puedan atenderla especialistas infantiles, se encuentra con que le abren un expediente como madre maltratadora...y además, tanto para Rosalía como para Elena. Es de locos. La unidad de salud mental infantil y un especialista independiente diagnostican a la niña con un trastorno disocial (y lo presenta en su forma más grave de psicopatía), ¡y la Comunidad Autónoma donde ella vive la considera una madre maltratadora! En el informe que elaboran —por llamarlo de alguna manera, ya que no interviene psicólogo, psiquiatra o terapeuta titulado— llegan a afirmar cosas increíbles como que «En las pocas ocasiones que se relaciona con la menor, se realiza mediante castigos físicos, trato vejatorio, etc.». Y en otro momento: «A lo largo del proceso de intervención se detecta maltrato físico y psicológico hacia la menor...». Y concluye: «Consideramos que estas situaciones pueden generalizarse a Elena».

Para mí este caso es importante porque demuestra hasta qué punto necesitan ponerse al día en su profesión algunos de los técnicos que tratan con niños. Con razón me comenta Luisa que «defender que puedan existir niños con trastornos graves que no se curan con amor y pedagogía es hoy por hoy políticamente incorrecto». También sirve para poner de relieve hasta qué punto están desamparados por los servicios públicos muchos padres que tienen hijos con esta patología.

En la actualidad Luisa está luchando en los tribunales para dejar limpio su buen nombre. Los «especialistas» de los servicios sociales ya han retirado el expediente por malos tratos de la madre hacia Elena, dadas las pruebas irrefutables de que la niña es feliz y está teniendo esa segunda oportunidad que su madre buscaba, con todo el amor del mundo, tanto para ella como para su hermana Rosalía, hace ya algunos años, cuando voló hacia Centroamérica.

Te deseo mucha suerte, querida Luisa.

Capítulo 5

Variedades del síndrome del emperador

En este capítulo nos ocupamos de cuáles son las posibles variaciones existentes entre los hijos que tiranizan a sus padres, así como de analizar brevemente los orígenes de ese comportamiento asombroso en la esfera de la persona.

Emperadores y delincuentes

Una primera cuestión que tenemos que saber diferenciar es que muchos de los que tienen el síndrome del emperador no son delincuentes comunes, no proceden de la marginalidad o el desamparo. En procesos de adopción, como el caso de Rosalía que acabamos de ver, sí puede darse con mayor frecuencia este origen de miseria y desestructuración familiar, porque estos niños precisamente están a merced de estados depauperados que necesitan la ayuda extranjera para atenderlos (y vuelvo a repetir aquí que la inmensa mayoría de ellos serán perfectamente educables; la psicopatía afecta aproximadamente a un 2 % de la población). Los delincuentes comunes no suelen tiranizar a sus padres (aunque hay excepciones), porque hace tiempo que no viven con ellos, o sus propios padres no tienen mayor interés o energía para soportarlos. No obstante, la relación entre padres e hijos suele ser conflictiva, y las disputas y actos de desatención son recíprocos.

Por otra parte, cuando el delincuente juvenil habitual también desarrolla una personalidad antisocial o una psicopatía, su violencia y ganas de explorar *—y de explotar—* el mundo para comprobar sus «posibilidades», le suele llevar lejos de casa pronto. Es posible que el joven y su familia hayan tenido algún encuentro brutal, pero no hay que olvidar que muchos de los padres —en particular el padre— de estos delincuentes tienen también estos rasgos, con lo que se iguala la situación.

Estos delincuentes son realmente difíciles de rehabilitar. Brent Richardson, uno de los educadores de delincuentes juveniles más lúcidos que haya conocido, fogueado en muchos años de trabajo intensivo con jóvenes delincuentes, reconoce que muchas de las cosas que él enseña y escribe no pueden aplicarse a estos jóvenes psicópatas:

> Es importante tener en cuenta que existe un determinado grupo de jóvenes que no han conseguido desarrollar la conciencia. Son capaces de distinguir el bien del mal, pero su brújula amoral les guía a tomar decisiones basadas en lo que perciben como mejor para ellos. Las normas existen, pero no para ellos. Debido a que poseen poca o ninguna capacidad para la empatía, ven a los demás como objetos. Aunque en ocasiones se ven abrumados por un gran número de emociones, son incapaces de manifestar emociones diferentes al enfado o la ira. Son descritos habitualmente como fríos y calculadores. Se caracterizan por presentar una vida afectiva plana, un extremo egocentrismo, un espíritu dirigido a la búsqueda de placer, falta de remordimientos, desatados deseos de poder y control y ningún deseo de cambio. Estos sujetos son diagnosticados normalmente como psicópatas o sociópatas, y también como sujetos con trastorno disocial de la personalidad.

Emperadores y otros jóvenes violentos

También quiero distinguir al joven que padece el síndrome del emperador del joven violento que, sin ser tampoco un delincuente habitual, ataca a su familia. Serían los casos de jóvenes con enfermedades mentales o trastornos adictivos, como sucedió en Badajoz, en marzo de 2003.

El día 8 de ese mes Daniel, de 19 años, muy temprano, se dirigió a donde dormía su hermano y lo mató con un cuchillo. Momentos después fue a buscar a su madre y la atacó con la misma arma, pero no logró matarla. A continuación salió corriendo de casa, y se arrojó al río Guadiana para morir, pero pudo ser rescatado. Según los indicios del momento, Daniel padecía «un grave desequilibrio emocional producido por la ingesta de estupefacientes». El que quisiera suicidarse de forma creíble avala esa interpretación. Aquí tenemos de nuevo una violencia homicida, pero no responde al perfil del tirano.

El perfil del hijo que tiraniza a sus padres es el de un chico (pero también chica) de clase no marginal (aunque puede ser humilde) que mientras vive en su casa extorsiona a sus padres para obtener cosas o privilegios, mediante el empleo de amenazas explícitas o veladas, o bien se hace servir de una violencia verbal explícita (insultos, descalificaciones, humillación, etcétera) e incluso física para lograr ese objetivo. Con el tiempo, y en los casos de mayor gravedad (que son los psicópatas), si el menor consigue tener el control de la situación su comportamiento puede estar más motivado por el mero hecho de disfrutar del control y del dominio de la situación. Es decir, si bien el síndrome del emperador se manifiesta porque el joven se cree con derecho a imponer su voluntad sobre unos padres que considera que son «indignos» de cuidarle, y busca con ello no estudiar, disponer de dinero o de coche o moto, y tener los privilegios (comida, ropa, hora de regresar a casa, amigos y amigas con libertad para visitarle, etcétera) que desea, la propia manifestación del poder y del odio pronto alcanzan una relevancia incluso mayor. Este joven ejercita en el seno de su familia lo que intentará hacer luego fuera de casa, con miras más amplias y con desconocidos.

Variaciones del síndrome del emperador

Ya he comentado en varias ocasiones que el tipo más grave de hijo tirano, el que representa con la mayor «pureza» el síndrome del emperador, es el hijo psicópata, integrado dentro de la familia. También hemos descrito su cualidad esencial: su falta de conciencia, su grave carencia de emociones morales que le impiden establecer relaciones verdaderas (humanas) con los demás, inclusive con sus propios padres.

Felizmente no todos llegan a ese nivel. Las posibilidades son muy variadas, dependiendo del grado en que muestran las características que aparecen en el gráfico 2.

En el gráfico puede verse que hay un círculo o núcleo central y varios círculos satélites o periféricos, con un número cada uno salvo el central. La intensidad del síndrome en lo que respecta a la violencia desplegada (círculo 2) vendrá dada, sobre todo, por el grado en que manifiestan los rasgos que aparecen en el núcleo central. En efecto, cuanta menor conciencia moral tenga, cuanto más difícil le sea considerar «persona» a la gente que le rodea, cuanto más lejano esté el eco del vínculo filial en su corazón, más fácil es que presente síntomas de violencia y de explotación. Un hijo muy violento mostrará también un juicio moral muy egocéntrico, y le será realmente difícil comprender el punto de vista de los otros, más allá de una palabrería superficial para aparentar lo contrario.

Este es el caso más grave de violencia, porque el joven de esta condición —claramente un tirano grave o psicópata— en ocasiones ni siquiera avisa —en el sentido de que no hay indicadores previos— de que va a cometer actos de gran violencia. Rabadán,

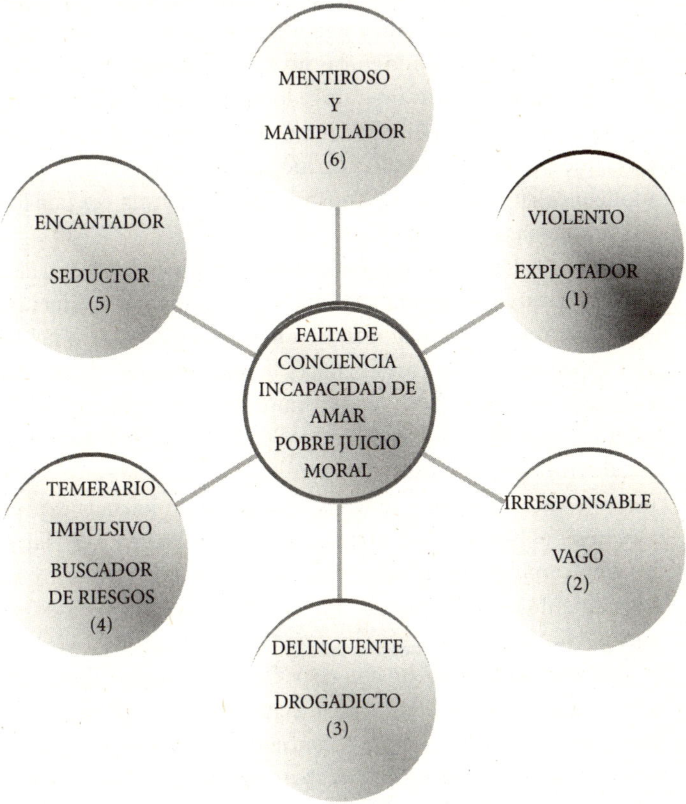

GRÁFICO 5.2. *Los rasgos del síndrome del emperador.*

el asesino de la catana de Murcia, estaba hace tiempo muy preocupado porque su padre lo amenazaba con ponerlo a trabajar «en la obra» si seguía sacando malas notas en el colegio. Él quería dejar de estudiar definitivamente, se lo había mencionado a su madre, pero su padre no lo sabía. Ayudado por el mundo de Internet en el que se había refugiado, con juegos violentos orientales como modelo de su fantasía, se dispuso a resolver de una vez por todas sus problemas.

Hay evidencias de que los jóvenes tiranos que tienden al aislamiento, que rumian en sus cabezas agravios y humillaciones, son más propensos a acometer acciones muy violentas, que incluyen el parricidio o los asesinatos (a veces múltiples) de sus compañeros de clase. Es decir, en términos de nuestro diagrama de la figura 2, *no* destacarían en los rasgos de los círculos 5 (encantador y seductor) y 6 (mentiroso y manipulador), ya que su posesión permite encontrar otras muchas opciones a la violencia expedita. Los jóvenes que son maestros en la manipulación y en dar una imagen camaleónica pueden abusar, extorsionar y hundir psicológicamente a sus rivales sin tener que ser necesariamente físicamente violentos.

No obstante, lo dicho con respecto a la capacidad de violencia se aplica igualmente a esta combinación, y a cualquier otra: *cuanto más profunda sea la carencia de conciencia más intensa y persistente será la conducta abusiva del psicópata, en cualquiera de sus combinaciones de rasgos* (porque el núcleo forma parte de cualquiera de esas combinaciones, con mayor o menor intensidad).

Esta combinación (núcleo + 5 y 6) es la que más ha tendido a caracterizar al joven que resulta inteligente, que no va mal en la escuela (aunque lejos del nivel que puede dar) y que procura no ofrecer un frente especialmente duro en su casa. Muchas veces negocia, aunque sus demandas y trampas son tan habituales que los padres resultan agotados y confundidos, con el espíritu por los suelos (que nadie piense que esto no es también una forma de maltrato, porque todos estos ardides pueden ser muy destructivos).

Y así, aquí nos encontramos con las técnicas que han dado parte de la justa fama que ostenta esta personalidad: el encanto superficial, el carisma, la excusa siempre a punto. He de decir, por añadidura, que sus tretas y mentiras se ven muchas veces favorecidas cuando tratan con personas que no le conocen bien por el deseo que muchos comparten —eso sí, deseo moderado— de experimentar el peligro, lo desconocido. Y esta personalidad irradia esa inquietud, de ello no cabe duda.

Otra razón de sus éxitos en la manipulación radica en nuestra dificultad en verle: mientras que nosotros tenemos muchos problemas en identificar a una persona que no tiene conciencia, una persona así no tiene ningún problema a la hora de reconocer a alguien que es decente y confiado. Como es lógico, el resultado de esa combinación es una gran ventaja para sus intereses.

Y, por supuesto, está su capacidad para imitar las emociones. Como ya escribí en mi libro anterior, *Cara a cara con el psicópata*, paradójicamente los signos visibles de emoción pueden ser una segunda naturaleza para los psicópatas; unas emociones y naturaleza falsas, por descontado. Se sabe que incluso los psicópatas inteligentes pueden llegar a dominar ciertas habilidades propias de las artes escénicas. Estas emociones fingidas pueden transformarse en indignación real si se siente acorralado, porque el sujeto se ve impelido a defender su coartada a cualquier precio.

Finalmente, otro ardid es emplear certificados, documentos varios y títulos para engañar. Tenemos más dificultades para sospechar de alguien que muestra un papel «oficial» de una autoridad o institución, las cuales van desde los padres hasta un colegio, pasando por «certificados» médicos, de revisión del examen de conducir, y un largo etcétera.

Rosalía (capítulo anterior) es un ejemplo precoz de manipulación. Aprovechando la ignorancia de los técnicos del menor que han de evaluarla, muestra su «mejor cara» para pasar por la víctima de toda la situación (claro que debido a su inexperiencia y corta edad no ha comprendido que estando internada va a disfrutar de muchas menos ventajas que estando en su casa, pero eso forma parte de las conductas autodestructivas —a la larga— que caracterizan a la mayoría de estas personas).

Ya he hablado con anterioridad de la combinación de la psicopatía y la delincuencia (núcleo + círculo 3). Esta asociación incluye con muchísima frecuencia el abuso de drogas, hábito que se incrementa notablemente por el mundo descontrolado de la delincuencia. Esta combinación de psicopatía más delincuencia habitual también se ve muy apoyada por un rasgo destacado de falta de temor al riesgo y por la necesidad de vivir sensaciones muy excitantes (círculo 4). Algunos de los hijos tiranos que al fin «liberan» a sus padres lo hacen porque deciden vivir «a salto de mata», cometiendo robos y tomando drogas, viviendo sin «tener que dar explicaciones a nadie»... hasta que se cansan y deciden volver para coger un respiro.

Este es justamente el caso de Antonio, a quien veo por vez primera después de tres años. Las primeras veces que hablé con él las cosas estaban muy mal en su casa. Con sólo 17 años había «robado» varias veces el coche a su padre; incluso fue capaz de adquirir una copia de la llave falsificando la firma de su padre en el concesionario. Desde los 13 años se cuentan sus conversaciones con sus padres por mentiras. Estuvo fuera de casa varios días sin permiso en dos ocasiones. Iba a a repetir por tercera vez 4º de secundaria, y su padre estaba realmente vencido. Hacía unas semanas que había vendido una joya de su madre para poder comprar (cito textualmente sus palabras) «un buen ladrillo de hachís que me iba a dar un montón de oportunidades que me faltan»:

—¿A qué te refieres con «oportunidades»? —le pregunto.

—Bueno, me refiero a que me pierdo un montón de cosas porque mis padres no quieren darme una paga que merezca la pena. Con esa mierda que me dan no tengo ni para la gasolina de la moto.

—Creía que el dinero de la gasolina era a parte de tu asignación...

—Eh... bueno sí, pero hay veces que si la cojo mucho no me llega con lo que me dan...

—¿Y puedes ponerme ejemplos de ese «montón de cosas» que te pierdes ahora por no tener más dinero?

(Antonio sonríe de forma pícara, empieza a jugar con los anillos de sus dedos, se aparta el pelo de la cara, empieza a hablar mirando hacia abajo pero luego me mira con gesto inocente.)

—Bien..., cosas estupendas... dinero para fiestas, un viaje, ya sabe, cosas así...nada malo. ¡Cosas que mis padres son tan tacaños que no quieren comprarme, joder!

Poco tiempo después Antonio se fue de casa, ya con casi 18 años cumplidos. Sus padres hicieron algunas averiguaciones en vano, pero a los dos meses apareció de nuevo para pedir dinero. Explicó de forma ambigua que tenía unos planes muy prometedores para crear una empresa, pero no quiso dar detalles de su dirección. En el periodo de tres años posterior a esa visita sólo contactó con ellos dos veces, y las dos por idéntico motivo: pedirles dinero. Sus padres se negaron en ambas ocasiones.

Ahora ha regresado. Tiene una pareja. Su compañera (porque viven juntos) es la hija de un empresario, y él espera pronto tener su propia empresa. Ni que decir tiene que a su «suegro» Antonio no le gusta demasiado. Sin embargo he de decir que me ha sorprendido. Se presenta limpio, físicamente en forma, sonriendo. Empezamos a hablar. Ahora vive con su chica en un piso de sus padres que está vacío. Claro, esta es una solución «sólo temporal». ¿De qué trabaja? Por ahora diseña la publicidad para la empresa de su suegro, aunque en verdad «ayuda a diseñarla», porque «ya sabe, con veintiún años a nadie le ponen en un puesto de responsabilidad». ¿Qué hizo durante esos años? De todo un poco, a veces haciendo alguna tontería... Sí, incluso estuvo un par de veces en el calabozo de la policía. Por supuesto, «nunca le probaron nada». ¿Y cómo es que ha decidido sentar la cabeza? Bueno, por amor, porque quiere mucho a Blanca (su compañera), y comprende que es lo mejor para tener una familia. Sí, ya sabe que es un poco pronto, pero está muy ilusionado... ¿Y por qué ha regresado? Porque comprende que estaba mucho tiempo sin verles, y «no estaba bien».

Poco después me enteré que había robado un dinero en la empresa de su suegro, y había decidido «desaparecer» por un tiempo, mientras todo se calmaba...

Finalmente, el rasgo de vivir de forma parásita («irresponsable y vago»: círculo 2) es una condición muy habitual entre los hijos tiranos, aunque en sentido estricto es posible rendir en los estudios y mantener una conducta falta de afecto y de cierta extorsión de los padres. Suelen ser casos de moderada falta de conciencia, que observan que su capacidad de hacer fortuna va a depender mucho de que tengan un título que presentar y que puedan trabajar en ello. La convivencia con estos «tiranos trabajadores» puede ser llevadera en tanto en cuanto los padres no le impongan muchas restricciones a su voluntad. De lo contrario las hostilidades son inevitables.

Aparte de este tipo existe una variedad de joven psicópata que tiene una gran incidencia en el mundo escolar. Son los que unen una profunda desgana por aprender y trabajar a una sensación exasperante de odio hacia quien destaca.

El psicópata envidioso

El gran psicólogo de la personalidad anormal, Theodore Millon, describe a un tipo de psicópata al que denomina «envidioso», que busca dañar a personas que le rodean porque tienen cualidades —belleza, inteligencia, éxito— que él no posee. Su motivo para actuar así es conseguir que esos otros agraciados no puedan disfrutar al menos de esos bienes. «Aquí el placer está en quitar, y no en poseer», escribe Millon.

Este joven tirano piensa que la vida le ha estafado, que le ha privado de las cosas y cualidades que tienen otros a los que él ve y trata, y que esa situación es intolerable y ha de ser corregida. ¿De qué modo? La única manera es despojar a los «privilegiados» de esos dones. La retribución, la venganza por esa profunda ofensa que la vida le ha infligido es el motivo más poderoso de su existencia.

Lo asombroso es que las víctimas de estos planes de venganza no tienen idea de este hecho: ni saben que son el objetivo de la existencia del tirano, ni pueden comprender la razón de esa animadversión. Escribe Marta Stout: «Las acciones que realiza el psicópata envidioso son tan disparatadas y tan gratuitamente perversas, que rehusamos creer que son producto de su intención, o incluso que en realidad llegaron a producirse. De este modo, su auténtica naturaleza permanece invisible frente a los demás».

Muchos de los acosadores más dañinos en la escuela se ajustan a este tipo. Aunque la policía desechó que el suicidio de una joven en Elda (Alicante) en mayo de 2005 fuera debido al acoso que había sufrido y denunciado meses atrás, los padres comentaron que sabían que la habían acosado porque era una chica que estudiaba y sacaba buenas notas. Hasta tal extremo —declararon sus padres— que «suspendió los dos últimos exámenes para que no se metieran más con ella, y ser como las otras». El mediocre no tiene por qué odiar al que sobresale. Puede aceptar el hecho e intentar conformarse con su suerte. Pero si el mediocre —por aptitud o actitud— posee algunos de los rasgos de los tiranos, las cosas pueden ser más complicadas.

Es una ironía que la conciencia en nosotros pierda la capacidad de detectar el mal, porque aquellos que no la tienen emplean contra nosotros muchas de las herramientas positivas que necesitamos para mantener unida a la sociedad: las emociones morales, los vínculos sexuales, los roles sociales y profesionales, la admiración hacia las personas creativas, nuestro deseo de hacer del mundo un lugar mejor, todo eso forma parte de nuestro paisaje mental habitual, y dado que lo esperamos de cualquiera, estamos en desventaja frente al que busca someternos.

Además, la gente que hace cosas perversas a escondidas no se diferencia en su cara de cualesquiera otros. No existe la cara del mal, y el joven tirano sabe poner una cara muy convincente…

El narcisismo

Otra variedad es la del hijo narcisista. El narcisismo es, hablando metafóricamente, la mitad de la condición de la psicopatía. Incluso los narcisistas diagnosticados como tales son capaces de sentir la mayoría de las emociones con la misma intensidad que cualquiera, desde la culpa y la tristeza hasta el amor. En cambio, lo que está ausente en el narcisista es la capacidad de entender cabalmente lo que la otra gente está sintiendo (ponerse en la piel del otro). Es decir, el narcisismo no supone un fracaso de la conciencia, sino de la empatía, la capacidad de sentir y actuar ante la emoción que está experimentando la otra persona. Además, a diferencia del psicópata, el narcisista muchas veces sufre psicológicamente, y puede llegar a buscar ayuda especializada para aliviar su dolor, algo que nunca hace de modo sincero —es decir, sin presiones de la justicia o de otros— un psicópata.

El narcisista pierde a la gente que le importa porque no es capaz de responder ante las necesidades emocionales de los que le rodean, y éstos, hartos de sufrir a alguien incapaz de ponerse en su lugar, le abandonan. En contraste, el psicópata, que no se preocupa por nadie, no echa de menos a los que le abandonan, salvo por los beneficios que puede dejar de percibir. Es por esta razón que los psicópatas mienten a sus parejas cuando se casan con ellas —ya que no las aman— y no cuidan a sus hijos aunque hagan ver lo contrario cuando pelean su custodia en los juzgados cuando se tramita su divorcio: sus hijos no son más que una fachada que les sirve para apoyar sus argumentos en la batalla legal, muchas veces sólo un ardid para que los espectadores le crean cuando niega todas las acusaciones que se vierten en su contra. Y, por supuesto, lo más importante: los hijos son una herramienta de extraordinaria importancia para seguir manipulando a su pareja después de la separación. En esas circunstancias la víctima —generalmente la madre, pero también algunos padres— sabe que tiene que tener cuidado, porque sus hijos pasan unos días al mes al cuidado de su ex pareja, y ella sabe de lo que él es capaz…

Así pues, es esta otra variedad en la que se puede presentar el síndrome del emperador: los hijos tiranos pueden ser en extremo narcisistas, como muchos padres desesperados han comprobado en tantas ocasiones.

¿Saben los psicópatas que lo son?

Muchas veces me realizan esta pregunta, en los seminarios y conferencias. Y mi respuesta, invariablemente, es que estas personas están muy convencidas de lo que hacen, sienten que tienen razón, y opinan que no hacer caso de sus exigencias es un error gravísimo. El resultado de esto es que, a diferencia de los personajes malvados de Shakespeare —quienes, en beneficio del lector o del espectador de la obra, ponen en voz alta las reflexiones que les provocan sus inicuos actos— los tiranos con personalidad antisocial no suelen preguntarse por qué son así o cómo han llegado a ser de ese modo, sino que simplemente quieren tener acceso a aquello que creen que tienen derecho, y esta creencia y los actos que la acompañan no les suscitan mayor incomodidad.

¿Qué causa la psicopatía?

A estas alturas debería estar claro que la psicopatía es más que la ausencia de culpa: es la incapacidad para procesar la experiencia emocional, incluyendo el amor y la preocupación por los otros, excepto cuando tal experiencia puede ser calculada fríamente como una tarea intelectual. Es una aberración en la capacidad para tener y apreciar una experiencia emocional real (es decir, no calculada por el interés), y por consiguiente para relacionarse con otras personas de modo honesto. Esto es lo que explica que un psicópata actúe de modo generalmente antisocial (aunque sea dentro del margen técnico de la ley), o que engañe constantemente sin importar los estragos que causa: una *obligación* de cualquier tipo es algo que uno *siente* hacia los demás, ya sean personas o grupos, es algo que nos *vincula* a gente que nos *importa*, aunque quizás ni siquiera la conozcamos personalmente. El problema es que la gente no le importa al psicópata; así pues, ¿dónde está la obligación?

¿Qué emociones siente el psicópata?

Las emociones que puede sentir el psicópata son las reacciones afectivas primitivas que resultan del dolor y del placer físico, o bien las que se derivan de la frustración y de los éxitos en los juegos de poder y dominio en los que participa. La frustración puede generar la ira o la rabia, mientras que las victorias en lograr sus propósitos les puede situar en una atalaya emocional de experiencia placentera, aunque generalmente de corta duración. Hablamos de emociones primitivas porque proceden de la zona más antigua del cerebro, el sistema límbico, muy vinculada a las funciones de supervivencia, y no de la zona del córtex, neurológicamente mucho más evolucionada.

La investigación

Se estima que la psicopatía tiene un componente hereditario, que es difícil de determinar, y que sin duda variará en los individuos. Pero promediando las estadísticas, podemos decir que el

50 % de esa condición puede deberse a la herencia que recibe. Esto no puede sorprender a nadie, ya que los estudios de los últimos años revelan la importancia de la herencia en muchos aspectos de nuestra vida, desde la capacidad atlética hasta rasgos de personalidad como la introversión, y por supuesto otros trastornos como la esquizofrenia.

Ahora bien, nadie debe pensar que hay un «gen de la psicopatía»; una condición compleja como ésta ha de ser el producto de la acción combinada de muchos genes actuando al unísono. Ahora no sabemos de qué modo esa combinación genética lleva a moldear determinados aspectos del funcionamiento cerebral, ni cómo éste va a producir el estilo de comportamiento que definimos como propio del psicópata. Hemos de reconocer esta laguna en nuestro conocimiento con humildad: hay un largo trecho entre el ADN de una persona y su conducta perdurable de aprovecharse de los otros, de mentirles y manipularles.

Sin embargo resulta apasionante revisar algunos de los datos que se han recogido en la investigación reciente del cerebro de los psicópatas. Por ejemplo, si analizamos el modo en que las personas procesan el lenguaje —nos ponemos delante de una pantalla de ordenador en la que van apareciendo series de palabras y un electrodo recoge nuestra reacción emocional— vemos que los *no psicópatas* reaccionan ante palabras cargadas de emoción (amor, odio, madre, dolor) con una rapidez e intensidad que no muestran los psicópatas. *Estos responden igual* ante esas palabras que ante otras desprovistas de carga emocional (neutrales), como ventana o silla. Es decir, para ellos la carga afectiva de las primeras palabras no es perceptible.

Otro tipo de estudio muestra la dificultad de los psicópatas para procesar las emociones. Cuando se les hace un escáner cerebral y se mide la cantidad de sangre que llega a su cerebro (en concreto, a los lóbulos temporales), los psicópatas muestran una *mayor* actividad que los no psicópatas en tareas que requiere que tomen decisiones que implican palabras cargadas emocionalmente. ¿Qué significa eso? Que los no psicópatas no precisamos más flujo sanguíneo para trabajar con las palabras emocionales, porque para eso estamos entrenados desde pequeños. Pero para los psicópatas esa es una tarea difícil, y requiere de mayor actividad cerebral, medida por esa mayor fluencia de la sangre.

¿Por qué esas dificultades con las emociones? No lo sabemos, pero lo que creemos en la actualidad es que esa tara emocional procede de una diferencia neurológica heredada, que muy probablemente puede ser —al menos, hasta cierto punto— compensada por el ambiente y la educación que reciba de niño.

En el capítulo siguiente nos ocupamos del ambiente y de la familia.

Capítulo 6

La prevención en la familia

El ambiente

¿Puede al maltrato infantil ser el detonante ambiental de la psicopatía en niños que tengan una predisposición genética? Sabemos que los niños maltratados tienen una mayor probabilidad de convertirse en jóvenes delincuentes y en adultos violentos, así como de manifestar diversas secuelas negativas psicológicas como depresión y ansiedad, abuso de alcohol y drogas, anorexia y otros trastornos. El problema es que no hay pruebas convincentes de que el abuso infantil se asocie con la característica esencial de la psicopatía: la ausencia de emociones morales y el sentimiento de culpa, en definitiva, la conciencia. Además, los psicópatas adultos no muestran, como grupo, una mayor presencia de ansiedad y depresión, que son resultados típicos hallados en sujetos maltratados en su infancia. De hecho, disponemos de ciertas pruebas que revelan que los niños psicópatas parecen ser *menos* influidos que los no psicópatas por sus experiencias tempranas de la infancia. Así, en un estudio realizado por Robert Hare con delincuentes presos, se halló que los delincuentes psicópatas, *con independencia* de la calidad del hogar del que procedían, tendían a haber recibido su primera sentencia penal a los 14 años. Los delincuentes no psicópatas, sin embargo, sí reflejaron la influencia de su experiencia familiar: los que venían de buenos ambientes recibieron la primera sentencia a los 24 años, pero los que procedían de familias desestructuradas eran llevados ante el juez por vez primera a los 15 años de edad. Es decir, en el estudio de Hare se demuestra que los psicópatas tienen su «propia agenda», su momento en el que mostrar su violencia, al margen de cómo fuera su calidad de vida familiar.

La otra gran explicación ambiental se relaciona con el desapego emocional o, en otras palabras, con la falta de vínculo entre el niño y su madre. De acuerdo a la teoría del apego (*attachment*), la relación temprana entre los niños y su cuidador principal (usualmente la madre) representa la primera experiencia de vinculación (*bonding*). En esta relación el niño adquiere una confianza básica en la disponibilidad y cuidados permanentes de su madre. Además, emplea ese vínculo de seguridad para explorar su ambiente y desarrollar sus capacidades motoras y cognitivas. De acuerdo con lo que pensó el pionero de esta teoría en los años 40 del siglo XX (Bolwy), muchos científicos siguen creyendo en la actualidad que el fracaso en generar ese vínculo lleva al desarrollo en el niño de unas actitudes hacia los otros caracterizadas por la falta de empatía y la insensibilidad por lo que les pueda pasar, lo que tendría luego continuidad en la formación de una personalidad insensible, típica de los sujetos sin conciencia.

Lo cierto es que las semejanzas entre los síntomas de la psicopatía y la falta de apego con la madre son notables: los niños que sufren el trastorno del desapego emocional son impulsivos y con emociones «frías», tienden a robar, a incendiar cosas, y son violentos hacia sus padres, hermanos, amigos y mascotas.

Esta semejanza fue señalada en diversas partes del mundo. Por ejemplo, los psiquiatras escandinavos acuñaron la expresión «frustración emocional temprana» para designar a esos niños cuyos vínculos emocionales con la madre eran difíciles de establecer, niños que presentaban una mayor probabilidad de nacer con bajo peso y antes de llegar a término el embarazo, así como a proceder de madres que consumían drogas durante la gestación.

El mayor problema que separa la condición de la psicopatía de la de desapego emocional es que los niños que padecieron esta última rara vez muestran la característica capacidad de manipular y carisma que identifica a muchos jóvenes y adultos psicópatas. Más bien ocurre lo contrario: estos chicos parecen aislados, y resultan poco atractivos ante los demás, y es difícil encontrarlos en posiciones de éxito y popularidad, como ocurre con muchos de los psicópatas camaleones, que son capaces de ocultar bajo una fachada de desprendimiento y valores productivos la ruindad de sus propósitos últimos. Por otra parte, es cierto que los padres de jóvenes psicópatas manifiestan muchas veces que estos parecen emocionalmente inalcanzables, como he repetido diferentes veces en este libro, como si no se pudiera llegar nunca a «tocar» su espíritu. Sin embargo, parecería que esta separación es voluntaria: que el joven psicópata, debido a su condición, *no quisiera* este tipo de relación. Esto sería muy diferente del joven que ha padecido un trastorno del apego emocional, cuyo aislamiento afectivo *sería una consecuencia* de este trastorno. Es decir, en los psicópatas el desapego emocional sería una consecuencia del trastorno que muestran, y no una causa del mismo.

No obstante, dado que no todos los hijos tiranos muestran la condición plena de la psicopatía, esta teoría puede ser aplicable a muchos de los casos en que se manifiesta un comportamiento violento hacia los padres. También deberíamos considerar que en familias marginales y países muy empobrecidos el desapego emocional suele ser acompañado de situaciones de malos tratos, o al menos de negligencia, cuidados como están en lugares sin apenas personal suficiente para atenderlos. En tales circunstancias parece sensato considerar que un niño con una predisposición genética a la psicopatía vería facilitado el desarrollo adulto de esa condición si crece en un ambiente tan hostil.

Así pues, parece lo más honesto concluir que actualmente *no sabemos* cuáles son los instigadores ambientales de la psicopatía, una vez que el niño ha venido al mundo con este peculiar sistema nervioso, aunque parece lógico pensar que aquellos ambientes donde predominen modelos de violencia y de falta de atención al cuidado de las emociones morales constituirán situaciones que facilitarán la radicalización de los síntomas de la psicopatía. Por otra parte, dado que muchos hijos tiranos no muestran la psicopatía de un modo pleno, sino sólo algunos de sus rasgos, un ambiente poco rico en estímulos morales o negligente en la educación de los hijos constituirá un factor de riesgo importante para la aparición de comportamiento violentos.

Padres muy competentes

De acuerdo con lo anterior, hay una primera recomendación básica que podemos plantear para intentar prevenir la aparición de hijos tiranos: no propiciemos ese tipo de personalidad descuidando sus necesidades emocionales tempranas, ni les hagamos víctimas de abusos o de una crianza negligente.

Pero ya he dicho que muchos de estos hijos adoptan esa actitud *a pesar* de que sus padres los han atendido de una forma razonable desde el principio. Lo que esto significa es que los padres que reconozcan tempranamente los síntomas que hemos ido desgranando en este libro deben de exigirse mucho más, deben de superar en esfuerzo y dedicación lo que se considera adecuado para un chico «promedio». La figura 1 (adaptada del prestigioso psicólogo Lykken) me ayudará a explicar lo que quiero decir.

Existen dos ejes, cuya intersección produce cuatro celdas o áreas. El eje horizontal representa la facilidad o dificultad que tienen los niños para ser educados o socializados, debido a su genética y a la biología con la que nacen. Los niños con tendencia a la psicopatía estarían dentro de la zona inferior izquierda de ese eje,

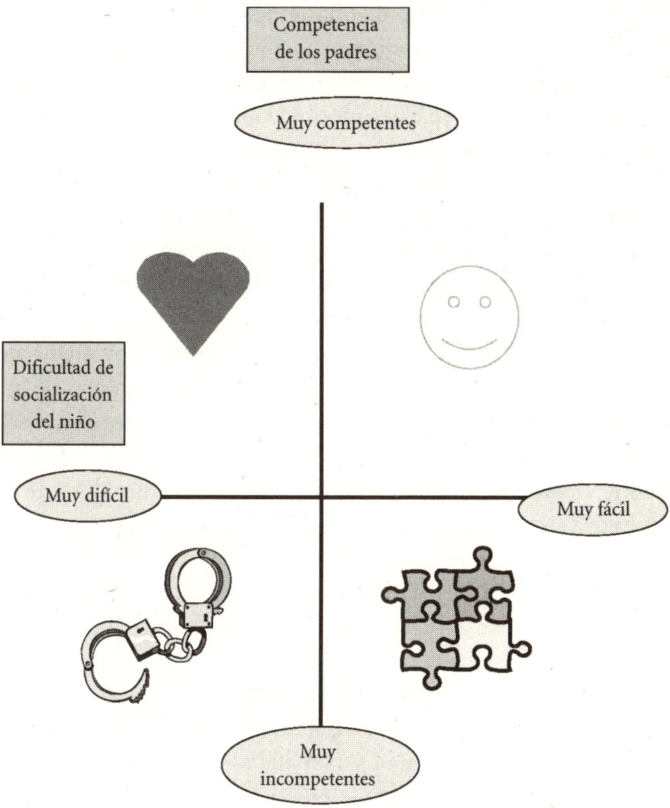

FIG. 6.1. *Competencia de los padres y dificultad de educación de los hijos (adoptado de Lykken).*

representada con el dibujo de unas esposas. El eje vertical representa la dimensión de competencia e incompetencia de los padres, y se extiende desde los padres muy preparados y entregados a cuidar de sus hijos (parte superior), a los padres negligentes y con muy pocas habilidades de crianza (parte inferior).

Como puede verse en la gráfica, los padres incompetentes que tienen hijos muy difíciles no van a ser de gran ayuda. El camino de estos jóvenes suele ser la delincuencia y la vida antisocial en general. Cuando se produce la combinación contraria (padres o hijos «buenos» con padres o hijos «malos») es cuando realmente se puede marcar la diferencia: cuando los niños son fáciles de educar y los padres son incompetentes, realizar programas de intervención que auxilien a los padres a ser mejores educadores sería de mucha ayuda para que sus hijos pudieran crecer correctamente. Viceversa, cuando los padres son buenos educadores pero sus hijos muy difíciles, facilitar para esos niños programas complementarios a la educación paterna (mediante servicios de salud especializados) debería ser una opción generalizada. En los casos de que ambos sean competentes y fáciles, no hay ningún problema, salvo los que depare el azar.

La cuestión es que los padres entregados a educar correctamente a sus hijos tienen que esforzarse *cuanto antes* por evitar que sus hijos desarrollen una personalidad tiránica, y por supuesto —si es que se diera el caso— una psicopatía. El área marcada por el signo del corazón incluye a esos padres competentes que tienen a niños con predisposición a la insensibilidad moral. Lo que quiero destacar aquí es que estos padres no pueden confiar en que *haciendo lo que hacen otros padres* (los que tienen hijos «fáciles»: el área de la cara sonriente) *tengan éxito en la educación de sus hijos*. Más adelante me ocuparé de señalar algunas ideas concretas sobre este punto.

Personas con una profunda conciencia

Buena parte de este libro trata de comprender cómo es la psicología del que no ha desarrollado una conciencia, y cómo podemos manejar a un grupo de ellos, en particular los hijos violentos. En este capítulo estamos interesados en aprender cosas para prevenir que lleguen a ser de este modo. ¿Qué mejor lección podemos tomar que la que nos ofrecen aquellos hombres y mujeres que han hecho de sus vidas un ejemplo de integridad personal? Sus características ilustran las cualidades contrarias a las que manifiestan los hijos tiranos y los psicópatas. Estudiar su psicología equivale a leer de modo nítido el guión de la naturaleza humana analizado en el capítulo 2. Mi propósito es que el lector comprenda que *luchar contra los hijos tiranos supone un esfuerzo explícito por educar de acuerdo con los valores más plenos de esa naturaleza humana.*

Una de las investigaciones sobre el particular más fascinantes que conozco es la que realizaron los psicólogos y educadores Anne Colby y William Damon, y que luego publicaron en un libro apasionante titulado: *Algunos sí se preocupan* («Some do care»). En su investigación entrevistaron en profundidad a 23 sujetos definidos por 22 evaluadores independientes como personas cuya vida reflejaba un gran compromiso moral. No se trataba de que fueran santas o de una profunda labor religiosa (al modo de la Madre Teresa de Calcuta); sus vidas podían tener lagunas o «puntos oscuros», pero debían de cumplir los siguientes criterios:

1. Un compromiso permanente con principios morales que incluyen un respeto generalizado por la humanidad, o una evidencia de virtud moral. Es decir, querían personas que presentaran un carácter, una personalidad moral, en el sentido de que sus actos reflejaban un «modo de ser» caracterizado por virtudes morales como el coraje, la compasión, la solidaridad, honestidad, integridad y trabajo duro para desarrollar una vida útil.

2. Una disposición para actuar de acuerdo con los principios morales, lo que implicaba una consistencia entre las acciones y las intenciones, y los medios y los fines. Es decir, no se seleccionaba a personas que perseguían fines nobles mediante métodos indignos, o los que realizaban acciones nobles por seguir fines personales egoístas.

3. La voluntad para arriesgar los intereses personales en beneficio de los valores morales. No se trataba de que fueran mártires, sino de que cuando su bienestar personal chocaba con su moralidad, entonces sus principios eran determinantes, poniendo en riesgo su economía, su vida familiar o su seguridad personal por no traicionarlos.

4. Una tendencia a inspirar a otras personas para la acción moral (una capacidad para contagiar su visión del mundo y su acción de ayuda).

5. Humildad en torno a su importancia y una despreocupación por su propio ego.

Lo que hallaron fue que estas personas (entre las que había, entre otros, reformadores sociales, empresarios distinguidos por su creación de riqueza para los trabajadores y gente desfavorecida, y campeones de causas para ayudar a pobres y excluidos), al margen de sus muy diferentes vidas y logros, compartían tres sorprendentes características comunes en su personalidad: (1) «certeza», (2) «espíritu positivo» y (3) «unidad del yo con unas metas morales». La certeza se refiere a una claridad excepcional en relación con lo que esas personas creen que es lo correcto, y también el sentido de una responsabilidad decidida para actuar de acuerdo con esas creencias. «Espíritu positivo» muestra su aproximación positiva a la vida, la satisfacción que les produce entregarse a su trabajo, y el optimismo con el que se enfrentan a las innumerables dificultades con las que se encuentran en su camino, incluso obstáculos que suponen muchas veces el riesgo de sufrir grandes reveses personales o peligros para su vida.

La tercera característica, la «unidad del yo con las metas morales», fue la que Colby y Damon consideraron más esencial de todas. Esta unidad significa que para esas personas la conciencia no es sólo el criterio por el que se guían en la vida. Es mucho más que eso: *esa conciencia representa lo que ellos son*. Así, una de las personas entrevistadas para ese estudio, explicó al respecto: «Yo soy aquello que soy capaz de hacer, y el modo en cómo me siento todo el tiempo, cada día, cada momento... Es difícil para mí separar lo que soy de lo que quiero hacer y de lo que estoy haciendo».

¿Por qué se trata de la cualidad esencial? Es porque nos permite comprender con la mayor nitidez qué es la conciencia humana y los efectos que ella produce. Cuando la conciencia se ha desarrollado de modo sólido, aparentemente unifica toda la psicología del sujeto, y lejos de suscitar ansiedad o excesiva preocupación en la persona, contribuye a que ésta viva la vida con mucha mayor capacidad y satisfacción. Colby y Damon escriben al respecto: «Los sujetos que elegimos como "ejemplares morales" han sido capaces de superar fases de gran dureza y privación en sus vidas porque todo lo que ellos han necesitado para triunfar como personas es la perseverancia productiva de su misión moral». Es decir, los propios sujetos definieron su propio bienestar e interés como el logro de unas metas morales, y de este modo, trabajando sin descanso para obtener esas metas, se sintieron satisfechos y autorrealizados.

El lector puede recordar ahora el ejemplo de Ana Sullivan, presentado en el capítulo 2. Esta mujer —ella misma con una importante pérdida de visión— mostró toda su vida esas cualidades: certeza en sus convicciones morales, una energía y optimismo sobresalientes en lograr sus metas y una fusión de lo que ella *era* (su concepto de sí misma) con lo que ella *hacía*. ¿Cómo separar el carácter de Ana Sullivan de su entrega diaria como maestra de niños minusválidos? Estas personas no pierden el tiempo buscando puestos de poder o la fama hueca: creen en el ser humano de modo firme y se aprestan a desempeñar su profesión con tanta excelencia que ésta les permite comportarse respetando al máximo esas convicciones morales. Además, obrando de este modo desarrollan una vida feliz.

¡Así que este es el «gran truco» de la existencia feliz! Cuando los seres humanos desarrollamos nuestra conciencia más allá de lo que es «normal» en estos tiempos de relativismo y vida muelle, entonces integramos nuestras metas morales, nuestros deseos y la idea que tenemos de nosotros mismos en un sitio que podemos llamar «identidad o conciencia personal», es decir, la definición de lo que realmente somos. Por ello en los sujetos con conciencia la acción moralmente correcta representa a la perfección quiénes son realmente. Por eso la persona entrevistada a la que citábamos antes decía que *«lo que soy es aquello que soy capaz de hacer, y cómo me siento todo el día»*. Esos sujetos se definen porque su vida tiene un sentido moral, porque tienen un proyecto que les realiza como seres morales, esto es, como seres humanos. Ellos se sienten felices en la medida en que no se traicionen a así mismos y respondan con sus actos a la idea de cómo ellos se ven a sí mismos. Ellos son lo que hacen.

Esa es la razón por la que es tan habitual que las personas dignas de elogio por su gran humanidad expliquen que, en realidad, *no pueden* actuar de otra manera, porque de lo contrario psicológicamente quedarían destruidos. En la obra cumbre de Victor Hugo, *Los miserables,* hallamos un ejemplo de esto. Después de luchar contra su conciencia, el protagonista, Jean Valjean, decide revelar su identidad de fugitivo de la justicia con el fin de que otro hombre no pague por los delitos que él había cometido. Como consecuencia, Valjean abandona su vida confortable y regresa a la prisión. Es entonces cuando Victor Hugo pone en su boca las siguientes palabras: «¿Me creen merecedor de lástima? ¡Dios mío, cuando pienso en lo que estaba a punto de hacer, creo más bien que merezco vuestra envidia!». Para Valjean era mucho peor traicionar a su conciencia, porque *él era su conciencia.*

Hay otros ejemplos populares de lo que significa la unidad del yo con la conciencia, de la idea de que «he de actuar de acuerdo con mi conciencia», porque de lo contrario *esa persona que soy yo resulta dañada*, es decir, pierde su integridad. Este elemento del carácter moral se ha representado de modo magistral en varios *westerns* hoy clásicos. El filósofo y cinéfilo Julián Marías —discípulo de Ortega y Gasset y padre del escritor Javier Marías— destacó esa virtud en *Solo ante el peligro* (*High Noon*, 1952), donde un sheriff decide quedarse para enfrentar a tres forajidos que regresan a su pueblo, a pesar de que él ya no tiene obligación real de hacerlo, porque se acaba de casar y ha cesado en el cargo. De hecho está ya en el pescante de su carreta, en el camino, acompañado de su mujer hacia una nueva vida, cuando se entera de la amenaza que se cierne sobre el que durante muchos años ha sido su hogar. Entonces —ante el horror y la incomprensión de su esposa, que no puede entender por qué lo hace— se queda, *porque ha de hacerlo*, porque su integridad le exige plantar cara.

En estos ejemplos puede verse también representado el concepto de «certeza moral», la primera cualidad a la que hacíamos antes referencia, y su sentido de una responsabilidad decidida para actuar de acuerdo con esas creencias. Esa «responsabilidad decidida» no es otra cosa que el compromiso con las creencias y el coraje para aceptar las consecuencias, es decir, para actuar.

Tomemos el ejemplo del español Ángel Sanz Briz, el «ángel» de Budapest, cuando en 1944 fue nombrado Encargado de Negocios de España en Bucarest. El historiador Isidro González escribió un artículo muy revelador de su talante y de su obra como salvador de perseguidos.

Sanz Briz era un hombre joven, poco más de 30 años, cuando ocupó ese cargo, el primero importante de su carrera. El espectáculo de los judíos sufriendo todo tipo de abusos y el conocimiento de primera mano que tuvo de las deportaciones masivas le impresionaron profundamente. «Este hecho —escribe el historiador— le creó una situación contradictoria con su propia carrera diplomática. Su intervención directa en ayuda de los judíos le podría acarrear su fulminante condena al ostracismo en los inicios de su carrera, pues nada ni nadie le obligaba como no fuera su conciencia. Si no actuaba, miles de judíos irían a la cámara de gas y si lo hacía podría salvarlos. Sanz Briz optó por lo último, lo que habla por sí mismo de su calidad humana».

El joven diplomático pide instrucciones a Madrid, y el gobierno de Franco guarda silencio, y sólo hay una tímida autorización para que proceda a salvar a los judíos cuando el ejército de Hitler está enfrentando la parte final de la guerra con la derrota segura. Está claro que Sanz Brinz tiene que arriesgarse, y así lo hace, creando un documento para los judíos en los que se afirma que la persona que lo posee está bajo protección del gobierno de España. Se estima que salvó la vida a más de 5.000 judíos sefardíes.

En 1998 el gobierno de España editó un sello de correos con su retrato, y en presencia de su viuda, Adela Quijano, se le rindió un homenaje. Desafortunadamente —como ocurre tantas veces— Sanz Briz había fallecido ya muchos años antes, concretamente en Roma en 1980 cuando era embajador ante el Vaticano.

O tomemos esta otra historia más cercana en el tiempo, la de tres cooperantes españoles de Médicos del Mundo que murieron asesinados el sábado 18 de enero de 1997 en Ruhengeri (Ruanda), a manos de milicianos de la etnia de los hutus. Se llamaban Luis Valtueña (fotógrafo), Flora Sirera (enfermera) y Manuel Madrazo (médico). Dos meses y medio antes, en el Zaire, otros cuatro españoles, esta vez religiosos maristas que estaban sirviendo en un campo de refugiados, habían muerto también asesinados. Los tres cooperantes españoles no pudieron decir nada ante testigos, pero queda constancia, por las llamadas de teléfono que realizaron durante todo ese día, de la soledad y el desamparo que vivieron en las horas previas a su muerte. ¿Por qué fueron asesinados? Eran conscientes del peligro que corrían y apagaron las luces confiando en que los milicianos hutus, infiltrados entre los cientos de miles de civiles retornados en los últimos meses, no atacarían su modesta habitación. Pero no les sirvió de nada: tenían una radio, un coche todo terreno y un teléfono por satélite, objetos muy valiosos en aquella parte del África negra. Les mataron para robarles.

Son vidas corrientes de españoles corrientes, que sin embargo tenían una idea clara de su misión como seres humanos. Por citar a cualquiera de los tres, una de los cooperantes era la enfermera Flors Sirera, natural de Tremp, un pueblo de la provincia de Lleida, aunque se había criado en Manresa, donde sus padres poseían una panadería. Después de trabajar en un ambulatorio de la Seguridad Social en Canarias, se alistó en Médicos del Mundo. El primer año estuvo cinco meses en Ruanda y luego en Zaire. En noviembre de 1996 regresó a Ruanda porque se había desatado otra crisis humanitaria. Cuando finalizó la acción de emergencia solicitó quedarse para trabajar en un proyecto de asistencia médica y sanitaria a cinco pequeños hospitales en el pueblo de Gatonde.

¿De dónde saca una persona el coraje para enfrentarse a los riesgos? ¿Por qué los cooperantes deciden quedarse una y otra vez en Ruanda cuando palpan el peligro cierto cada día? ¿Por qué Sanz Briz pone en riesgo toda su carrera —y quién sabe si algo más— apenas la ha comenzado engañando a los nazis?

Algunos psicólogos y educadores solían pensar que se trataba de comportamientos que venían precedidos de un proceso tortuoso y prolongado de decisión moral. Pero actualmente sabemos que las personas altruistas actúan de modo automático siguiendo los principios que han ido conformando su carácter. Están «obligados» a actuar, porque hay cosas que se tienen que hacer. De este modo, estas personas no perciben sus acciones morales como una cuestión de elección, *sino que trasladan sus principios en acción directamente, con pocas dudas o indecisiones.* Hay un sentimiento de gran certeza, de que «no hay otra opción». Este sentimiento de certeza, de «necesidad moral» hace que los sujetos estudiados vieran el «ser valientes» como algo no necesario. *El sentido de estar obligados a actuar de una forma determinada* hace que la valentía pase a segundo plano, *porque no hay otra cosa que moralmente se pueda hacer.* David Guerrero, al que conocimos también en el capítulo 2, es una prueba irrefutable de esta «inevitabilidad» en seguir los dictados de la conciencia. Cualquiera podría decir que «se precipitó» en encararse con los bandidos que estaban asaltando la hamburguesería. Y sí, hubiera resultado más sensato quizás llamar a la policía, y no intervenir. Pero en este punto no puedo juzgar si ese acto de ayuda fue más o menos prudente, lo que quiero reflejar es que David, llevado por su conciencia, *saltó como un resorte* cuando vio que la chica estaba en peligro.

De este modo, tener certeza y coraje (compromiso), desarrollar una personalidad «positiva» y la identidad de las metas morales con la definición de quién es uno mismo, constituyen los cimientos sobre los que se construye una personalidad con una conciencia sólida, o una personalidad altruista, si queremos llamarla así (figura 2).

Por su importancia para la educación de nuestros hijos, quiero dedicar ahora unas líneas a explicar por qué la conciencia ayuda de una forma práctica a hacer de los niños seres más plenos y felices, y cómo el abandono de esta orientación produce daños que pueden ser irreparables en sus vidas.

Personas positivas

¿Qué se quiere decir por «persona positiva»? En la investigación de estos sujetos comprometidos y de excelencia moral, se analizó con detalle qué implicaba ese «ser positivo», y los resultados se han vuelto a encontrar otras veces en muchas investigaciones que entran dentro del epígrafe actual de la «psicología positiva». Varias cosas estaban incluidas bajo este término.

Primero, un disfrute de la vida, en particular del trabajo que están realizando. En segundo lugar, un sentido profundo de la esperanza y del optimismo. Ahora bien, no es un optimismo ingenuo; no es una negación de los problemas, o una percepción irreal

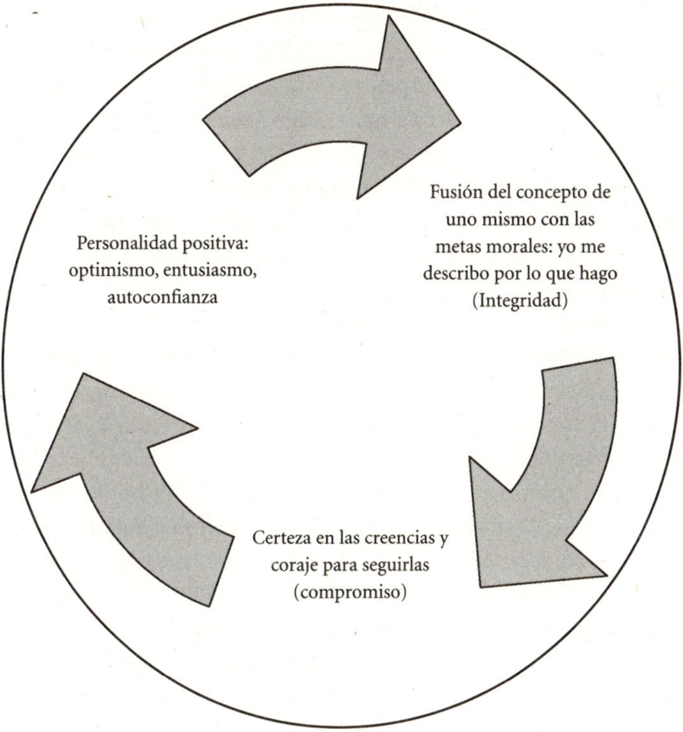

FIG. 6.2. *Los componentes de la psicología de las personas de conciencia.*

de las situaciones. Simplemente, es el punto de vista de entender las situaciones como problemas que hay que resolver, y no como motivos para la desesperación. En tercer lugar supone sacar lo mejor de cada situación; tornar en algo positivo los malos acontecimientos.

¿No interviene la cólera en ningún momento? Sin duda hay diferencias individuales, y no cabe duda que nadie está libre de tener accesos de ira. Pero no es un rasgo habitual, porque la ira genera malestar emocional y afecta negativamente a la perseverancia necesaria para conquistar las metas. Más aún, otra cualidad importante es la capacidad de perdonar, aunque es algo que pueden encontrar muy difícil, especialmente si el hombre o la mujer es un reformador social que se ha de enfrentar a situaciones realmente duras.

Una quinta característica es la de preocuparse honestamente por la gente; *la capacidad de valorar el carácter de humanidad en todas las personas.* De acuerdo al obispo Tutú, eso fue lo que permitió a Nelson Mandela resistir 20 años en la prisión sudafricana sin albergar sed de venganza hacia sus captores.

La sexta cualidad es la de sentir gratitud por su trabajo. En ocasiones esto se relaciona con el deseo de devolver a los demás algo de la felicidad o los dones que han recibido de otros. Un sentimiento de gratitud y de «pagar con la misma moneda» contribuye a la confianza que tienen en que las cosas se vayan arreglando, sin que tengan que preocuparse demasiado por su propia seguridad, lo que les permite dedicarse de pleno a su tarea y lidiar con mil dificultades. Esa es la realidad de algunos cooperantes que tienen un trabajo seguro en su país; pasado un tiempo toman la decisión de quedarse en los lugares en los que sirven, renunciando a la seguridad de un trabajo estable.

Finalmente, también es importante tener un proyecto, un propósito. Los injustos pueden tener tal proyecto, pero cuando se basa en valores morales el proyecto se convierte en una condición necesaria para mantener una perspectiva positiva. Este proyecto puede ser seguir una inspiración, una llamada religiosa, o bien aceptar el desafío de vivir una vida ética, profundizando en los valores en los que uno cree. En ocasiones el sentido de propósito puede provenir de la participación en un movimiento social o en una organización, como los cooperantes que hemos visto.

Pero este foco positivo no busca la mejora personal de modo prioritario; se centra en seguir unos valores; *la mejora personal es la consecuencia antes que el antecedente de la acción.* Una explicación para comprender la relación entre una perspectiva positiva y la ausencia de interés en el yo la ha proporcionado Martin Seligman con su teoría del «optimismo aprendido». Seligman cree que la clave para comprender el optimismo (y el pesimismo) se sitúa en los estilos habituales de la gente para explicarse a ellos mismos las causas de los acontecimientos malos y buenos.

Tal y como dice Seligman:

> La característica definitoria de los pesimistas es que tienden a creer que los acontecimientos negativos permanecerán durante mucho tiempo, echarán a perder sus proyectos, y se han producido por su culpa. Los optimistas, que se enfrentan a unas dificultades parecidas, piensan de manera contraria. Creen que el fracaso es sólo un contratiempo, que no volverá a producirse, y que no es su culpa. La culpa es de las circunstancias, de la mala suerte o de otras personas. Los optimistas, de este modo, cuando se enfrentan a una situación negativa, la perciben como un desafío y lo vuelven a intentar con más energía.

Es decir, para los optimistas, las causas de un fracaso son de índole externa, dependen de factores transitorios, o bien de factores específicos a los propios acontecimientos o situación. Así, no se inmovilizan ante el fracaso, porque no lo extienden a otras áreas de sus vidas, lo mantienen bajo control. Contrariamente, los pesimistas tienen siempre activada la perspectiva de la catástrofe, cualquier cosa puede ser una gran debacle.

Todo ello tiene repercusiones psicológicas importantes: el hábito de hallar causas permanentes y generales del fracaso lleva a una situación de indefensión y desesperanza; cuando algo impacta en su barco, todo él corre el riesgo de hundirse. Sin embargo, el optimista puede cerrar los compartimentos afectados y seguir navegando hasta llegar a puerto, donde se pondrá a arreglar los desperfectos. Seligman habla del *desamparo aprendido* como la respuesta de abandono que sigue a la idea de que «no importa lo que uno haga, nada se arreglará». Por el contrario, los optimistas lo intentan de nuevo con denuedo... hasta que tienen éxito.

Las personas altruistas, que tienen un propósito y las cualidades antes enumeradas, son resistentes ante el desamparo; creen que la vida tiene un propósito que vale la pena lograr a pesar de los problemas. Descubren, a través del contacto con las personas a las que ayudan, que éstos son seres humanos que se diferencian de ellos sólo en elementos accesorios, nunca esenciales. Lo que ven les entristece, pero no les deprime, y en muchos casos se sienten profundamente conmovidos.

¿Cómo se mantiene, en medio de tantos problemas y dificultades, esta perspectiva positiva?

En primer lugar, gracias al apoyo de otras personas, o por el sentido de comunidad que comparte con sus allegados. En segundo lugar, por la importancia de la solidaridad con otra gente y por el gozo de trabajar con ella; es ésta una gran habilidad social que tienen muchas de las personas altruistas. En tercer lugar, por la gran absorción que le supone su trabajo, el sentimiento de que están desarrollando lo mejor que tienen dentro de sí.

El cantante Steve Wonder, ciego de nacimiento y colaborador infatigable en causas humanitarias, es un reflejo de la creencia positiva en la vida y de la necesidad de contar con el apoyo de los demás. En una entrevista en 1995 dijo lo siguiente: «Me siento obligado a la vida, a su preservación. Es un desafío. Necesito disfrutar de la vida hasta la última gota, hasta que me muera, y se lo deseo a los otros. A cada uno de nosotros se nos ha dado una oportunidad, un papel diferente. Para desempeñarlo hay dos posturas: dar esperanza al que tienes al lado, o decir que la vida se ha acabado. Todos dependemos de todos. Cada generación depende de la siguiente, y si les decimos que la vida no es importante, ¿cómo van a cuidar de nosotros?»

En cuarto lugar, los sujetos emplean una serie de mecanismos psicológicos que trabajan al unísono para mantener su estructura de creencias. Aquí figuran la humildad, y también el sentido del humor, del que son ellos mismos sus primeras víctimas (el sentido del humor es un rasgo característico de las personas inteligentes).

Ambas cualidades están muy gráficamente ilustradas en una historia que contó Anthony Hopkins —paradojas de la vida: ¡el mismo psicópata Hanibal Lecter en persona!— en una entrevista. A la pregunta: «Usted dijo hace tiempo que actuar es un trabajo. ¿Ha cambiado su idea al respecto?», contestó Hopkins:

> No, no ha cambiado. Se ha modificado o atenuado, ahora para mí es más un trabajo de lo que era antes. Recuerdo que mi padre... Yo tocaba mucho el piano. Era hijo único y mi padre era un hombre muy básico, era panadero. Trabajó muy duro toda la vida. Yo aporreaba el piano tocando a Beethoven y a Chopin, y todo eso, y recuerdo que un día dijo: «¿Qué tocas?». Yo dije: «Beethoven». Y él contestó: «No me extraña que se volviese sordo. ¡Por el amor de Dios, sal de casa y haz algo!». Eso lo llevo como un principio básico de filosofía vital: *no te entusiasmes contigo mismo.* La profesión de actor (...) es un trabajo muy bueno, pero es sólo un trabajo. Es una habilidad que tengo, como tiene la suya el chico que ilumina el escenario, el director de fotografía, el director de la película o el ingeniero de sonido (...) no es nada fuera de lo común».

Las enseñanzas de las personas moralmente comprometidas: el coraje moral

La psicología de las personas con una conciencia muy desarrollada tiene profundas implicaciones sobre los padres del siglo XXI, algunos de los cuales tendrán que hacer frente a chicos muy difíciles de educar. Una de las enseñanzas más importantes es esta: hagamos que nuestros hijos aprendan desde muy pequeños a reconocer los actos moralmente erróneos, y a reaccionar frente a ellos.

Nosotros enseñamos a nuestros hijos a que abandonen muchas de sus reacciones espontáneas, y eso es necesario, porque estas reacciones en ocasiones van contra las normas y los derechos de los demás. Esto es así porque el desarrollo moral de los niños tiene que ir despegándose del egocentrismo propio de la infancia, y abrirse cada vez más a considerar los efectos de su comportamiento en los otros. Es decir, la empatía, la capacidad para ponerse en la piel del otro, es la gran avenida que nos lleva a crear una conciencia sólida, con emociones poderosas positivas, que es la piedra fundamental sobre la que construimos nuestra moralidad. Son emociones como la compasión, la piedad, la culpa ante los malos actos. Por consiguiente, acciones espontáneas como golpear a un amiguito porque le ha sido arrebatado un juguete, o insultarle porque le tiene celos, son cosas que los niños tienen que ir aprendiendo a inhibir, a dejar de hacerlo porque caen dentro de una categoría: «malas acciones». Si no se les educara de ese modo, su comportamiento no vendría exigido por la responsabilidad de tratar bien a los otros, sino por la irresponsabilidad de servir a los propios intereses. El crecimiento moral es la conquista de los impulsos egocéntricos para abrirse al mundo y a las necesidades de los otros.

Ahora bien, ¿qué ocurre si como padres también enseñamos a nuestros hijos a reprimir las acciones espontáneas que surgen como consecuencia de ver una injusticia? ¿Qué pasa si enseñamos que no debemos meternos en lo que no nos incumbe, aunque sea «lo que no nos incumbe» una escena que ha sido capaz de motivar la indignación moral del niño? Quizás nuestro hijo, de 11 años, haya visto que un compañero del autobús escolar ha abusado de otro, y él ha gritado: «¡Déjalo en paz, no te ha hecho nada!». Cuando nosotros no promovemos la indignación moral de nuestros hijos, estamos dando un mensaje equivocado: «deja que cada cual solucione sus problemas», y con ello no ayudamos a desarrollar sus emociones morales, su conciencia. Esta grave omisión en la educación de los niños tiene como primera víctima a ellos mismos, quienes no aprenden a rechazar los actos inmorales que ven que se cometen en los otros, pero tampoco sobre ellos mismos.

Así pues, no puedo sino destacar la enorme importancia de desarrollar el coraje moral en nuestros hijos. Tenemos que enseñarles a decir «basta ya» cuando observan a un compañero que está siendo objeto de abusos, a rebelarse frente a lo que observan si es inmoral, porque esa rebeldía sólo puede nacer de un esfuerzo intencionado por enseñarla. El coraje moral no surge por defecto. Elevarse por encima de la autoridad que impone la amenaza del agresor («¡no te metas en lo que no te importa!») requiere un tipo de conciencia que vaya más allá de la propia defensa, para romper la tendencia de no significarse frente a los demás. Sin embargo, esa educación traerá grandes beneficios al propio niño que obra con coraje, porque él será el primero en no tolerar que alguien le haga víctima de un trato injusto. Y así, cuando crezca y sea un adulto, será capaz de enfrentarse al compañero de trabajo que acosa a los débiles, o a su pareja que quiere aprovecharse de ella, y decirle: «deja de hacer eso, no lo voy a tolerar».

Educar a los hijos como personas moralmente comprometidas es una necesidad vital del ser humano

En el capítulo 2 dibujé las líneas esenciales de la naturaleza humana: somos seres racionales, libres, morales y vulnerables. Nuestra dependencia de los demás fue el motor evolutivo que nos llevó a desarrollar relaciones de afecto y luego un código moral y una conciencia que vigilara ese código. La conciencia nos hace plenamente humanos: en los actos de violencia gratuita la culpa nos recuerda que hemos actuado en contra de ella, es decir, en contra de los propios valores humanos.

En el capítulo primero establecí la hipótesis de por qué los padres en esta sociedad tienen menor capacidad de educación, es decir, en términos de la gráfica anterior de los dos ejes, por qué los padres se van deslizando hacia abajo en la dimensión de la competencia para socializar a los niños. Dije que la «culpa» no puede atribuirse en exclusiva a ellos. Por una parte, los niños sin conciencia tienen ya un grado de dificultad elevado para ser educados. Muchos padres de competencia educativa «promedio» necesitan de mucha ayuda para atenderlos. Por otra parte, los padres no viven en una sociedad idílica, donde obtienen múltiples facilidades para educar a sus hijos.

Más bien por desgracia ocurre lo contrario: el mundo del trabajo en la sociedad de la información rivaliza con los cuidados que necesitan los niños: hay muchas horas de trabajo en ambos padres, poco tiempo para ocuparse de ellos, y hay un montón de preocupaciones que minan la energía de esos padres: la competencia que puede venir de cualquier parte de modo inopinado, la necesidad de estar al día con los conocimientos de la profesión. Y por si fuera poco —como señalan implacables las estadísticas de divorcio— los matrimonios cada vez se llevan peor.

El resultado es que progresivamente aumenta el número de niños que se educan con la compañía exclusiva de su madre (ver nota 1 para unas recomendaciones a los padres divorciados con hijos que han de mantener la relación con ex parejas psicópatas). Como consecuencia, el tiempo para su educación todavía merma más. Y las tensiones para la madre —que es la que suele tener la custodia de los hijos— aumentan (ver gráfico 3).

Y la otra pieza de mi reflexión: nunca ha existido en la época contemporánea una sociedad donde las oportunidades para acep-

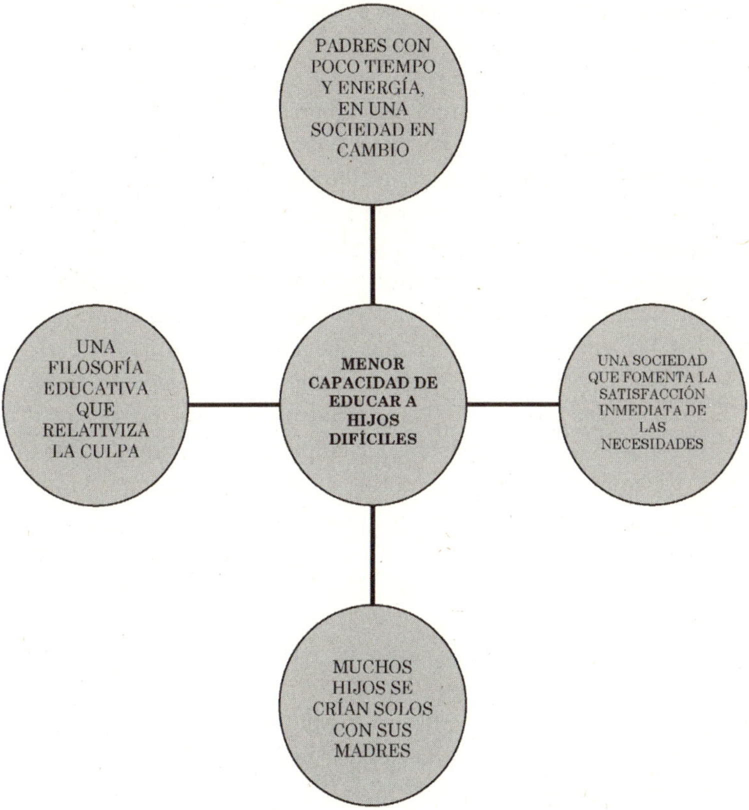

GRÁFICO 6.3. *Argumentos que confluyen en la menor capacidad de atender a niños en riesgo de convertirse en hijos tiranos.*

tar la gratificación instantánea de los deseos como filosofía de vida sean tan pronunciadas. El resultado: niños atendidos con padres con poco tiempo y muchos problemas en una sociedad donde es fácil no desarrollar un compromiso moral. En este contexto *los hijos con una predisposición al carácter tiránico tendrán muchas menos oportunidades de ser detectados y educados de una forma adecuada.*

Parte del panorama de esta sociedad, del «espíritu de los tiempos», incluye una curiosa filosofía educativa, que quizás en España se ha visto más pronunciada por los años de dictadura que amordazó a varias generaciones, y que consiste en despreciar al sentimiento de culpa como algo que representa un modo de ser «religioso», «caduco» o «traumatizante» para el desarrollo sano del niño. Bien al contrario, como vimos en el capítulo de la naturaleza humana, sin capacidad de culpa el ser humano fracasa.

Dedicaré el próximo capítulo a incidir en esta importante idea y en sus consecuencias.

Las necesidades de Glasser

Para finalizar este capítulo quisiera traer aquí a uno de los grandes educadores de nuestro tiempo, William Glasser, cuyo desarrollo en el ámbito de la «terapia de la realidad» ha supuesto importantes logros en el campo de la atención educativa a jóvenes antisociales. Su visión de las necesidades del ser humano tiene enseñanzas relevantes para los padres.

Como padres —dice Glasser— tenemos que entender que todo ser humano tiene una serie de necesidades que ha de cubrir o satisfacer. Puede hacerlo de modo fructífero para su vida y la sociedad o causando mal, extendiendo la miseria a través de la violencia y el abuso, pero está en la naturaleza de todos actuar para colmar el apetito de lo que precisamos.

¿Cuáles son esas necesidades? Tal y como explica Glasser en su libro *La teoría de la elección,* estas cinco (figura 4):

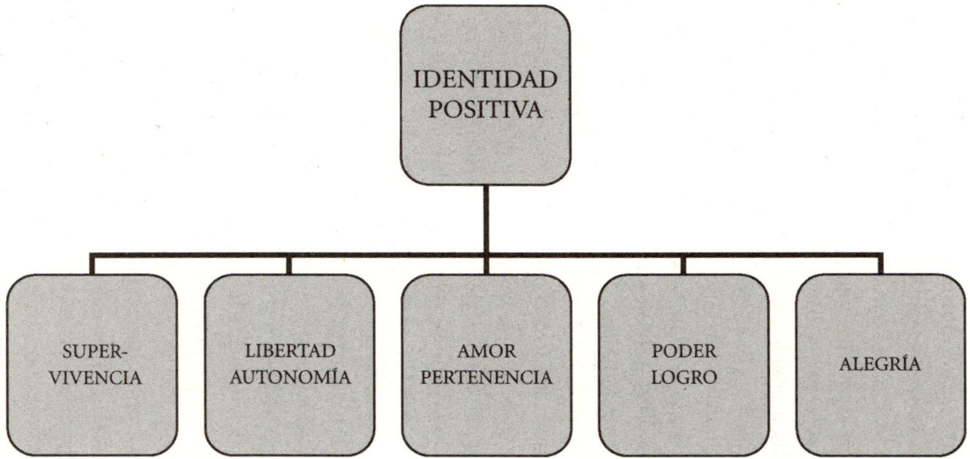

FIG. 6.4. *Las necesidades del ser humano.*

La supervivencia incluye, como indica su nombre, la satisfacción de las necesidades primarias o biológicas: estar a salvo de enfermedades, tener asegurados los alimentos, un lugar donde vivir, etcétera. La libertad/autonomía es la necesidad de no sentirnos forzados o coaccionados cuando tomamos nuestras decisiones. Para decirlo en términos positivos: es la necesidad que impele al hombre a decidir sobre su vida, a tomar las riendas de su destino. Esta necesidad es la que resulta críticamente insatisfecha cuando la madre fracasa en establecer el apego emocional o vínculo cuando su hijo es un bebé y luego un niño pequeño: sin ese vínculo el niño tiene muchas dificultades para sentirse seguro en el mundo nuevo que se abre ante él, y surge en consecuencia la patología que comenté en el capítulo anterior, muchas veces semejante a la del joven tirano o psicópata.

La necesidad de amor y pertenencia es la central para Glasser: todos necesitamos, para sentirnos bien, tener a alguien a quien querer y ser queridos. Todos necesitamos pertenecer a alguien y a algún sitio, ya sea —¡al menos!— a una persona, una familia, unos amigos … Siempre el amor exige una persona o personas que sean depositarias de ese afecto, afecto que puede consistir en cualquiera de las variantes de la relación amorosa: de amistad, de pareja o paterno-filial. Esta necesidad —advierte Glasser— es la que está ausente en los psicópatas de modo fundamental. Los hijos tiranos tienen esta necesidad muy disminuida. Una consecuencia de la pequeñez de esta necesidad es la magnificación de la necesidad de poder, del control de las personas *a las que no se puede amar.*

El logro y el poder es la necesidad de ser productivos, de resultar útiles a la comunidad en la que nos insertamos con nuestro esfuerzo. Una vida sin proyecto es una vida desesperanzada. Recordemos que las personas moralmente comprometidas se entregan con entusiasmo a su profesión: quien era empresario era un buen empresario, quien dirigía una organización pro derechos civiles dedicaba mucho esfuerzo a hacer las tareas que eran necesarias.

Desgraciadamente —como apunté en el capítulo primero— la sociedad moderna deja pocas oportunidades a los jóvenes para que se sientan útiles en la sociedad. No sólo es que no se pueda trabajar hasta los 16 años, sino que en verdad no se espera nada de ellos hasta que terminan sus estudios, a los 18, los 20 o los 23 años. Con una sociedad de «bienestar» estructurada para que los poderes públicos provean de los servicios que precisa la población, los jóvenes permanecen más y más tiempo forzados a una situación «no contributiva», de «irresponsabilidad». Durante todo ese tiempo son objetivo prioritario de agresivas y múltiples campañas publicitarias destinadas a conseguir el dinero que tienen, que progresivamente va aumentando a medida que crece el poder adquisitivo de las familias, y a medida que éstas sustituyen por cosas el tiempo que no les dedican.

Finalmente, la necesidad de la alegría es muy evidente. Las personas que no disfrutan de un mínimo de alegría, de diversión en el espíritu, están gravemente limitadas. La personalidad «positiva» y «optimista» surgió como un componente esencial de la vida moral. Es curioso pero aleccionador: desarrollar el compromiso moral facilita una vida plena. Además, hay una incipiente pero muy importante investigación que relaciona el optimismo con una mejor salud física y psicológica.

Glasser concluye que el modo en que la persona elige satisfacer esas cinco necesidades define su identidad «esencial». O para decirlo de otro modo: el hombre tiene la necesidad básica de encontrar una identidad. Esa identidad se alcanza como el resultado de un puzzle cuando intenta satisfacer esas cinco necesidades. Escribe Glasser: «En parte, la intensidad de cada una de esas necesidades está determinada genéticamente. Unos tenemos una alta necesidad de amor y pertenencia; otros de poder, y todavía otros de libertad. Estos perfiles específicos de personalidad (o modos de relacionarnos con los demás) han de tenerse en cuenta a la hora de considerar establecer importantes relaciones con los demás (como matrimonios o negocios)».

Es atractiva esta idea: antes de buscar un compañero de negocios o de vida, asegurémonos de que su «perfil de necesidades» coincide lo suficiente con el mío…

Pero volviendo a nuestro tema, ese perfil de necesidades resulta muy útil si lo exploramos en nuestros hijos. Resulta muy importante —en la prevención del síndrome del emperador— atender a su capacidad para sentir y satisfacer la necesidad de amor y pertenencia. Y es responsabilidad nuestra que, desde el principio, el niño tenga las máximas oportunidades para satisfacer esa necesidad. Si este muestra poca necesidad de afecto, hagamos lo posible *para que tenga tanto cuanto pueda aceptar*. Y otra importante recomendación: creemos tantas oportunidades como podamos para que ejerciten la conducta de comprender la perspectiva de los demás, para que al menos cognitivamente puedan desarrollar la capacidad de entender las necesidades de los otros, y que puedan pensar en las consecuencias de lo que pudieran desear hacer.

Recordemos a Rosalía cuando escribía que «ya me preocuparé luego de las consecuencias». Una de las características de estos jóvenes es la impulsividad en la realización del deseo o la idea, el no temer al riesgo, a la consecuencia, aunque sea negativa no sólo para el otro sino para él mismo. Quizás el aumento del pensamiento pueda ser una opción que compense al menos la parte más negativa —la violencia— de no contar con las emociones morales adecuadas. Y, lo que es todavía más importante, quizás sea posible que el menor desarrolle un cierto sentimiento de culpa, no del todo genuino, pero a lo mejor eficaz, en el sentido de que es una culpa que surge no del «dolor» por haber obrado mal sino por transgredir normas que puede perjudicar su imagen caso de que se supiera, o que pueden arruinar el disfrute de cosas que aprecia. Una culpa «cognitiva», por así decirlo, basada en motivos egoístas (ver nota 2 sobre el sentimiento falsificado de la culpa).

Este punto terminamos de desarrollarlo en el próximo capítulo.

Capítulo 7

La cultura y la educación de los padres

Es hora de explorar con mayor profundidad lo que la cultura puede decirnos acerca de su incidencia en la condición más grave del síndrome del emperador —la psicopatía—y cómo podemos extraer consecuencias para su prevención.

En efecto, otra posibilidad es que las influencias ambientales de la psicopatía procedan más del contexto cultural más amplio, y no tanto de las experiencias familiares. Un argumento para apoyar esta idea viene de los estudios antropológicos, que han puesto de relieve que la psicopatía es un trastorno que ha existido siempre, en todas las sociedades, pero en una intensidad diferente, lo que nos indicaría que, dependiendo de los valores y características de funcionamiento de esas sociedades, serían lugares más propicios o —al contrario— más inhóspitos para que floreciera la psicopatía.

Por ejemplo, Japón y China, junto con otros países del lejano Oriente, están acreditados como países con una baja presencia de psicópatas. Robert Hare es de la opinión de que «nuestra sociedad se está dirigiendo a promover una cultura que libera y refuerza muchos de los rasgos de la psicopatía, rasgos como la impulsividad, la irresponsabilidad y la falta de sentimientos de culpa». Si en Occidente la tasa de psicópatas se sitúa en un promedio —conservador— del 2 %, ¿qué es lo que hace diferentes nuestras ciudades y modos de relacionarnos en ellas de lo que sucede en Oriente?

Creo que hay dos diferencias importantes, que en buena medida vienen a ser las dos caras de la misma moneda. La primera es que en Occidente el individualismo y el éxito a cualquier precio es un valor bien instalado. La segunda es que nuestras sociedades han perdido mucha de su capacidad anterior de educar promoviendo el altruismo y los valores morales, es decir, lo que realmente se constituye en el más férreo antagonismo de la psicopatía. Es el argumento principal para la prevención de este libro: que los padres han perdido competencia en la educación de sus hijos.

La cultura como compensadora de la psicopatía

¿Cómo puede la cultura influir sobre la psicopatía? Mi opinión —como escribí en mi libro *El psicópata* del año 2000— es que el tipo de creencias de una sociedad acerca de cómo se debe educar y tratar a los niños, y luego cómo deben proceder los adultos en la vida laboral y social, pueden compensar —al menos los síntomas de mayor violencia— las deficiencias neurológicas o de personalidad que muestran los psicópatas. Esa compensación puede traducirse en una mayor oportunidad para ponerse en el lugar del otro, es decir, para desarrollar la perspectiva social, lo cual es ciertamente importante aunque no vaya acompañada de una empatía más profunda. Estas sociedades ponen el énfasis en la responsabilidad compartida que tenemos para salir adelante, y en el hecho de que hay unas expectativas claras acerca de cómo debemos proceder, expectativas que si fracasamos en cumplir, constituyen una afrenta para todos. Este es quizás el gran argumento de las sociedades orientales, que tienen unos índices de psicopatía tan bajos: la sociedad oriental promueve el sentimiento de culpa, y enseña de modo determinante que está en manos del individuo reparar con su comportamiento esa ofensa; una vez reparada su integración en la comunidad será un hecho.

«Si una persona no puede experimentar el sentirse conectado emocionalmente a otros, quizás una cultura que insista en esa interrelación como una forma de creencia básica pueda todavía instalar en ella una comprensión exclusivamente intelectual del sentimiento de obligación hacia los otros», ha escrito Marta Stout. Es verdad que esa comprensión cognitiva de la responsabilidad que todos tenemos por el bienestar común no es lo mismo que la conciencia; en ella nos sentimos culpables porque *mis sentimientos* me producen tristeza y ansiedad al ver que he dañado a otros *con mis actos.* No obstante, si *yo comprendo* que debo hacer algo porque esa creencia está naturalmente extendida y es muy apreciada entre mi sociedad, quizás lo haga aunque no sienta en mis emociones esa tristeza o dolor por el sufrimiento del otro; hacer lo contrario quizás me deje aislado, sin posibilidad de relacionarme y de poder mostrar mis «cualidades» y obtener el estatus que quiero poseer, y entonces es mejor para mí cumplir con esas expectativas, y evitar el comportamiento más egocéntrico y violento.

Por supuesto, es sólo una hipótesis de trabajo, pero el hecho de que Japón sea uno de los países menos violentos del mundo debería llevarnos a la reflexión (aunque ello de ningún modo significa que este país constituye una sociedad libre de problemas). En Japón y otras culturas cuando una familia encuentra a un niño sin conciencia, su esfuerzo para que *vea* que está en su mejor interés respetar las obligaciones que tiene como miembro de una comunidad se ve reforzado por toda la sociedad: todos esperan que él no ofenda a los demás actuando como un bribón y un forajido. Esto es bien diferente de lo que ocurre en Europa y Estados Unidos, donde generalmente la sociedad se esfuerza en destacar que, para ser alguien, debe demostrar que es más astuto y poderoso que los demás.

En nuestra sociedad es perfectamente posible gozar del éxito y del dinero a pesar de demostrar que tu trabajo o tu vida privada

—cuando es expuesta sin vergüenza ajena— están sumidos en la golfería y en la falta de la ética más mínima. Nadie debe sentirse culpable por lo que ha hecho; la culpa es un sentimiento religioso, que sólo genera «traumas». Muchas veces lo único que se considera deshonroso es el conocimiento público, cuando la acción ha consistido en un hecho delictivo y ha afectado a alguien cuyo trabajo consiste, precisamente, en cuidar «la cosa» pública (*res publica*), como es proverbial entre los políticos.

Y así puedo decir que en nuestra sociedad moderna occidental la culpa ha sido sustituida por la vergüenza, y como creencia social generalizada la culpa ha sido considerada un elemento arcaico, impropio de sociedades «modernas». La vergüenza es diferente a la culpa. En la vergüenza me expongo a la condena de los demás porque «he sido pillado», porque quizás he sido menos listo que otros muchos que han hecho eso mismo pero que evitaron que les cogieran. La vergüenza no procede de un sentimiento interior que reconoce que he obrado mal, sino del sufrimiento que yo siento en mi imagen personal por haber sido expuesto ante los demás. Si ese descubrimiento no se hubiera dado, no hubiera sido avergonzado, y yo podría sentirme muy bien conmigo mismo. La culpa es otra cosa; yo me siento mal al margen de que otros lo sepan o no, y es ese dolor interior que me acusa de haber faltado a mi responsabilidad hacia los otros el que me impulsa a reparar mi falta. La vergüenza nos humilla ante los demás, y provoca muchas veces deseo de desquitarse: la etiqueta se me impone desde fuera, y no me mueve a cambiar mis actitudes. La culpa, en cambio, nace del interior, y me fuerza, para reparar mi propio autoconcepto, a ser consecuente con lo que me dicta la conciencia.

El caso judicial de Juan Manuel Fernández, «El Farruquito», que cuando escribo estas líneas está siendo juzgado, es un ejemplo popular de lo que quiero decir. El *bailaor* dijo en el juicio, tenso y cansado, que en realidad «ya no sé si soy culpable o inocente» del cargo de haber atropellado, dado muerte y haber huido sin pararse a auxiliar a un viandante que cruzaba el semáforo sin saber que un bólido había sorteado a los coches de delante y había penetrado en el paso de peatones como una exhalación. Con anterioridad parece que toda su familia le había aconsejado fervientemente que no se reconociera culpable, que dijera que su hermano llevaba el auto en el momento trágico del homicidio por imprudencia, cosa que efectivamente hizo. No cabe duda que la familia intentó protegerle, cuidar el futuro de su carrera, pero... ¿a qué precio? Al precio de no sentirse culpable, de no hacer caso a la conciencia. Farruquito la tiene, sin duda. Poco después del atropello volvió al lugar de los hechos, quiso «ver» que no había pasado nada, incluso cuando lo atropelló —cuenta— pudo comprobar por el espejo retrovisor, cuando se daba a la fuga, que «se había levantado». Sin embargo, queda como un hecho firme que el artista huyó «por miedo», y es ese miedo a asumir la responsabilidad lo que toda su familia vio como algo «normal», porque sentirse culpable y reconocer que mató a alguien porque no pensó en su responsabilidad hacia los demás cuando conducía como si estuviera en la pista de Le Mans, es algo que puede arruinar su carrera.

En Occidente el sentirse culpable hace tiempo que no está de moda. Se fía la reprobación a las fuerzas externas: el delito ha de ser reprimido por el Derecho, la violencia en las escuelas por los profesores; los niños con problemas por los psicólogos y otros especialistas... El individuo no tiene por qué reflexionar y pensar que está haciendo mal a la sociedad, a su familia y allegados: siempre hay una buena razón para explicar cualquier cosa, y así el desarrollo de la conciencia moral y de la responsabilidad pasa a un segundo plano.

La conciencia moral ha de enseñarse de modo explícito

Una de las grandes consecuencias para la educación de los niños difíciles de lo expuesto hasta ahora sería esta: recuperemos la conciencia y el sentimiento de culpa como una de las grandes metas de nuestra labor.

No hace falta para abrazar esa filosofía creer en ninguna religión; basta creer en el ser humano. No nos dejemos confundir por el «espíritu de los tiempos» que se cuela en nuestras casas por la televisión, ni por el relativismo moral que parece que a lo más que aspira es a inculcar la «tolerancia».

La tolerancia es muy necesaria, pero es un grave error que se defina como la máxima meta de la educación moral. Uno puede ser tolerante con el mal y con la injusticia, y eso no es una buena idea. Y si la tolerancia se confunde —como ocurre tan a menudo— con la máxima filosófica de «tú verás lo que haces con tu vida», el resultado es, en el caso de los niños difíciles, que se les abre un amplio panorama donde medrar y extorsionar.

La tolerancia no puede sustituir a las emociones morales, a la conciencia. Y esas emociones morales han de ser forjadas en la personalidad de los chicos al tiempo que se incrustan con normas explícitas sobre lo que es correcto y no lo es. Lo que nos muestran los hijos tiranos, una y otra vez, es que no adquirieron ni los sentimientos morales ni las normas que siempre deben ir asociadas a esos sentimientos.

¿Cuál es el mejor modo de enseñar emociones morales y normas prescriptivas? La práctica. Especialmente con los niños en riesgo de desarrollar comportamientos violentos, se hace muy necesario que participen desde pequeños en experiencias donde vean a adultos realizar actos moralmente correctos y, lo que es más importante, donde tengan la oportunidad de realizar ellos mismos tales actos. La conciencia ha de enseñarse de modo explícito. Los padres han de tener esta prioridad siempre, pero particularmente si desde que el niño es pequeño observan que tiene dificultades para el contacto afectivo y el aprendizaje de la experiencia.

La moralidad negativa

Junto a esto, tenemos que esforzarnos como padres en puntualizar siempre la experiencia moral que debe extraerse de los actos de nuestros hijos.

Es decir, no basta, como antes señalamos, con modelar e imitar actos moralmente correctos, ni tampoco es suficiente con que ellos mismos los protagonicen. *Los chicos han de ser capaces de extraer lecciones prácticas de sus experiencias, y mejor aún, de sus «malas» experiencias.* Es lo que se denomina «moralidad negativa». Esta se refiere a «la cuestión psicológica de si la experiencia y el conocimiento de una persona en relación a una conducta inmoral, por ejemplo un robo, le ayuda a evitar realizar dicho acto» escribe el prestigioso educador Robert Coles en su influyente libro *La inteligencia moral del niño y del adolescente.*

Nosotros apoyamos la idea de que tan importante como saber qué hacer *es saber qué no hacer*. Una forma universal de proceder con este aprendizaje es saber obtener una lectura adecuada de los propios errores. En efecto, cuando un chico comete una acción errónea y es capaz de comprender las consecuencias negativas de tal hecho, aprende algo que no puede darse únicamente en el lado positivo de la acción moral, es decir, en aquello «que debe hacerse». De ahí que una tarea muy relevante que tienen que desempeñar los padres sea tratar de modo educativo los actos injustos/perniciosos de sus hijos. Porque no cabe duda que estos actos no faltan en la vida del niño y del joven con una personalidad proclive a la tiranía, y se pierde una oportunidad preciosa cuando tales situaciones no son discutidas (reflexionadas) a la luz de sus consecuencias negativas.

Por ejemplo, el valor de la solidaridad puede fomentarse mediante el ejemplo y el exhorto a compartir y a ayudar al amigo, compañero u otra persona. Sin embargo, ¿cómo hacer frente a aquella situación en la que un amigo de nuestro hijo le pidió ayuda para hacer unas tareas escolares, y éste no le atendió, prefiriendo ir a jugar —¡una vez más!— al fútbol? Imaginemos que el amigo de nuestro hijo suspende en el examen, y pasa por ello por unos días muy malos. Aquí hay una oportunidad para el aprendizaje de esa «moralidad negativa». Discutir con el chico la situación le ayuda a comprender por qué no debió hacer lo que hizo; es la reflexión sobre las consecuencias negativas del hecho (suspenso del amigo, su sufrimiento) lo que posibilita ese aprendizaje negativo. La conclusión de la reflexión debe ser comprender cuál debía ser la acción positiva que hubiera evitado tales consecuencias.

Se sigue de lo anterior que una idea esencial es permitir que los chicos tengan la posibilidad de fracasar, de recibir «heridas morales». La sobreprotección moral (impedir que corra sus propios riesgos para evitar que actúe de modo incorrecto) no es una buena idea, y con niños «difíciles» es del todo contraproducente.

Por otra parte, esa «moralidad negativa» ha de incluir sobre todo con estos chicos las consecuencias negativas para sí mismo: no sólo por qué causó un perjuicio en los demás, sino también de qué modo ha obtenido un resultado contrario a sus intereses. Sin necesidad de alterarnos, sin amenazar, tenemos que tejer con infinita paciencia la red de actitudes que deben evitar con el tiempo que se decante por emplear comportamientos violentos que causen a su familia y a él mismo graves contratiempos.

No basta por consiguiente con confiar en que los poderes públicos serán un instrumento suficiente para encauzar a estos chicos. No lo son, no lo están siendo.

Conclusión

El gran error de nuestro tiempo: hemos echado por la ventana el sentimiento de culpa, hemos dejado atrás la importancia de la conciencia y, queriendo ser más «modernos», enseñamos a los niños que lo importante es disfrutar de las cosas ahora, o al menos ese es el método que seguimos para que no se vean «diferentes» a los otros y no nos atosiguen con demandas difíciles de aguantar. La culpa ha sido sustituida por el respeto a la ley y a la democracia, y dentro de esos márgenes, todo vale.

Pero de este modo abrimos importantes agujeros en la formación humana de nuestros chicos y chicas. Y en los chicos con predisposición a la violencia, a creerse «emperadores» en sus casas, hemos abierto todo un boquete.

Los padres no pueden enfrentarse solos a estos niños, por lo menos a los realmente «duros». El estado ha de contribuir a ayudar a las familias que tienen niños con personalidad antisocial, trastorno disocial o psicopatía, como quiera que sea la etiqueta diagnóstica clínica que prefiramos.

Por ejemplo, debería formarse y dar instrucciones a los servicios de protección de menores y servicios sociales en general para proceder correctamente en estos casos, y no agobiar todavía más a los padres que padecen este problema con escritos reprobatorios y amenazas de sanciones. Por supuesto, corríjase todo lo que los padres hagan mal, y expedientemos a todos aquellos que con su negligencia o malas prácticas fomentan la violencia de sus hijos. Pero en el estudio que propongo del síndrome del emperador, bien puede suceder lo contrario: padres incapaces de hacer frente a un hijo que les supera. Las unidades de salud mental tendrían que especializarse también en atender este tipo de casos.

Los poderes públicos podrían hacer también algo más explicando que la conciencia y la culpa no son algo superfluo que procede de los catecismos de la época de Franco, sino que son una exigencia de la evolución social y moral que nos ha llevado a tener los atributos que hoy consideramos como propios de ser «humano». El problema con esto es que no es «políticamente correcto», y corres el riesgo de que te tachen de «retrógrado».

Comprendo que es difícil luchar contra todo esto. El mercado tiene una fuerza brutal: está lleno de tentaciones para chicos a los que les cuesta desarrollar una conciencia. Cuando se zanja la cuestión de estos hijos tiranos diciendo que los padres tienen la culpa porque «son permisivos» se banaliza mucho la cuestión. La sociedad del ocio que envuelve a esos padres permisivos ha cultivado a pulso una zafiedad que asusta, donde la conciencia y la culpa no parecen ser relevantes en los espacios dramáticos, sino más bien lo contrario. Y, lo que es más importante, la televisión es el principal heraldo de la satisfacción inmediata de necesidades artificiales que mueve la economía de hoy, y al joven dentro de ésta.

Pero tampoco quiero echar la culpa a la televisión, otro recurso fácil. Ya dije antes que no conocemos las causas exactas de por qué surgen esos jóvenes airados hacia sus padres, y en muchos casos también hacia sus compañeros de clase y sus profesores, y otros adultos. Sin embargo, de lo que conocemos podemos y debemos extraer consecuencias para la educación de estos y de todos los niños.

Termino este capítulo con un gráfico donde figuran las principales ideas que pueden resultar útiles en la prevención del síndrome del emperador.

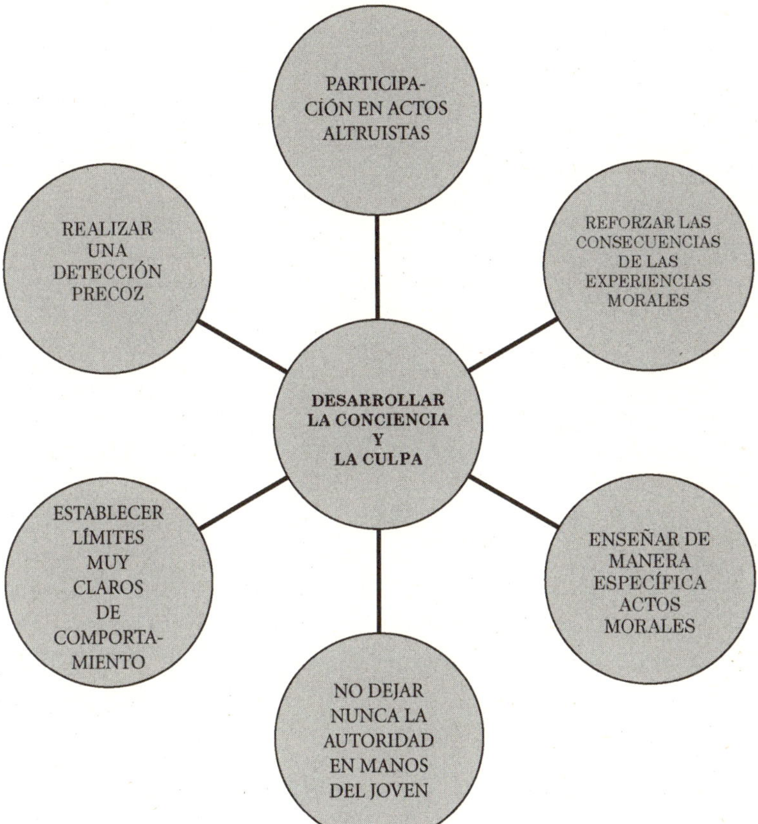

FIG. 7.1. *Las principales reglas en la prevención del síndrome del emperador por parte de los padres y profesionales de la infancia.*

Capítulo 8

A modo de síntesis: medidas eficaces para la prevención

Estoy seguro de que el lector recuerda algunos de los ejemplos de violencia que hemos ido desgranando en este libro que está a punto de concluir: esa madre sistemáticamente golpeada y arrojada de su casa por su hija de 13 años; esos padres amenazados por su hijo Joaquín mediante notas injuriosas; esa madre atravesada por dos cuchillos certeros y una espada porque molestaba el tipo de vida que quería llevar su hijo... Esos actos de agresión hacia los padres señalan una falta de conciencia y de culpa que encuentra hechos análogos en la calle, donde en los últimos años asistimos a una violencia de los jóvenes que era prácticamente desconocida.

Quizás uno de los mejores ejemplos de la «nueva violencia» juvenil sea el protagonizado por siete jóvenes que grababan en vídeo sus agresiones a indigentes, y otros actos vandálicos que constituían su principal fuente de «enriquecimiento espiritual». Estos jóvenes, que tenían entre 18 y 20 años, no tenían antecedentes penales, y resulta difícil calificarlos de «marginados» o de «víctimas de la incultura» o de «la falta de oportunidades»: uno de ellos era estudiante de ingeniería, otro cursaba estudios de protésico dental, y el resto eran bachilleres o tenían un trabajo.

La policía, al visionar la cinta, comentó que las imágenes «mostraban una diversión muy cruel». No puedo dejar de pensar en la película *La naranja mecánica* cuando leo las tropelías de estos desalmados. En su trayecto por las calles se ve a los jóvenes despertar a un mendigo y arrojarle los cojines sobre los que dormía a la cara junto con una cerilla encendida, al tiempo que le insultan («portugués de mierda»; «hijo de puta»). En otro momento insultan gravemente a un indigente que duerme en un cajero automático y le conminan a que abra la puerta, cosa que no hace. Al rato, golpean la puerta de entrada de una vivienda unifamiliar con un palo, e insultan y amenazan a una mujer de edad avanzada haciéndose pasar por policías. Al final rompen una ventana y diverso mobiliario urbano. El último día consignado en su grabación insultan, vejan y agreden con un palo a un mendigo que dormía en la calle; se toman su tiempo, para el viejo aquello debió ser un suplicio. Se despiden robándole la radio y destrozándola contra el asfalto. Con razón el juez que instruyó la causa escribió que esos tratos degradantes constituyeron «no sólo un menosprecio a uno o varios de los valores humanos», sino también «una trasgresión de la condición humana».

En este ejemplo aparece nítido el mismo sentimiento de poder que también se manifiesta en el trato vejatorio a los propios padres, lo que nos conmociona porque esas víctimas son las que más deberían ser respetadas, pero es el mismo proceso psicológico el que está detrás de estos actos violentos: al igual que los jóvenes golpean y amenazan a sus padres para que les dejen hacer lo que ellos quieren, estos siete canallas pasean como si los demás sólo existieran para complacerles.

El síndrome del emperador no es «un hecho aislado», ni «puntual» (como se dice ahora en un castellano que echa para atrás). Refleja el espíritu de los tiempos, y debe llevarnos a una profunda reflexión.

En este capítulo quiero destacar las principales ideas de este libro, al tiempo que haré hincapié en las diferentes medidas que podemos poner en práctica para evitar que la situación de violencia hacia los padres vaya a más con el tiempo. Con este fin adoptaré un estilo rápido y fluido, en forma de preguntas y respuestas, que espero que agrade al lector.

¿No es la violencia hacia los padres algo que se ha dado siempre, y ahora sucede que sale más a la luz?

No lo creo. En primer lugar, porque otros indicadores de violencia infantil y juvenil están aumentando de un modo notable si tomamos la perspectiva de los últimos diez años. En segundo lugar, porque en los últimos años se ha desarrollado un sistema «intermedio» de solución de los conflictos (el conformado por la legión de psiquiatras y psicólogos privados, sin contar con los miles de psicopedagogos que hay en escuelas e institutos) que se dedican a filtrar muchos de estos actos violentos; tal sistema hace quince o veinte años apenas existía. Y a pesar de contar con todos estos profesionales, en toda España los servicios de protección de menores están atónitos con el incremento brutal de los últimos años de la violencia hacia los padres.

El primer argumento, por lo demás, tiene un enorme peso: ¿por qué no habría de estar aumentando la violencia hacia los padres si aumenta la delincuencia juvenil, el acoso en la escuela hacia los compañeros y la violencia hacia los profesores? Por otra parte, ¿puede ser una *casualidad* que todo ello acontezca a la vez que los adolescentes se inician más precozmente en el consumo de las drogas —se ha multiplicado por cuatro el consumo de cocaína por los menores de 16 años en el último decenio, según el Plan Nacional de Drogas— y que duplican la asistencia para recibir tratamiento en un año?

¿Puede ser una casualidad que los padres sean golpeados en mayor medida en el mismo periodo de tiempo en que los profesores no saben cómo enfrentarse a los alumnos que los ignoran como si no pintaran nada? ¿Es sólo una pirueta del azar que los padres declaren no poder controlar a sus hijos cuando el presidente de la federación de centros públicos declara que «nuestro trabajo lo cuestiona el primero que pasa», y que no denuncia los casos de acoso en su centro porque «el profesorado no quiere ser motivo de comentario para que su trabajo no se devalúe aún más.

Si coges mala fama, échate a morir»? ¿Extrañan estos comentarios cuando —según un informe de la Fundación Encuentro— el 10 % de los profesores reconoce que ha sido agredido por los alumnos más de una vez»?

Finalmente, ¿seremos capaces de ver *una cierta tendencia* en todo esto, o nos apuntaremos al coro del «no pasa nada, sólo que ahora se ve más», si a todo lo anterior añadimos una tasa creciente de asesinatos a mujeres y un aumento espectacular en el número de homicidios en general?

No niego que en los últimos años haya habido una mayor conciencia de ser víctima de estos hechos, y que ello haya promovido una mayor denuncia, pero justificar todos estos datos por este argumento no parece posible.

¿No son los hijos tiranos el producto de unos padres que previamente los han maltratado?

En muchos casos los hijos violentos hacia los padres han vivido una infancia muy dura. Sabemos que ser objeto de abusos en la infancia y ser testigos de la violencia habitual en la relación que tienen sus padres aumenta el riesgo de que los niños desarrollen una personalidad agresiva. Muchos de los profesionales que atienden a mujeres que han buscado ayuda para escapar de sus cónyuges violentos pueden dar fe que los hijos que acompañan a esas madres repiten expresiones, actitudes y conductas que revelan la imitación del abuso moral y físico que han observado en sus hogares. Sucede que muchas de estas madres tienen que hacerse cargo en delante de educar solas a sus hijos, y en estas circunstancias van a tener un grave problema añadido.

Luego en efecto, sobre los conocimientos de estos hechos podemos enunciar dos primeras medidas preventivas:

Medida 1. Hagamos lo posible para erradicar los malos tratos a los niños. Aquí el riesgo de delincuencia, abuso de drogas y otros problemas es mayor. Muchos asesinos se han criado en ambientes donde han vivido abusos, no necesariamente psicópatas. Pero sean los malos tratos caldo de cultivo o no de los psicópatas (algo que aún no está claro), su contribución a crear adultos violentos y fracasados está fuera de toda duda. Por otra parte, la delincuencia y la violencia en la calle promueve también el abuso de los padres y la violencia en la escuela.

Medida 2. Prestemos mucha atención a los casos en que las madres se quedan solas para atender a sus hijos que han sido observadores de violencia, y que quizá sufrieron también una crianza negligente (ya que la madre no siempre está en las mejores condiciones de atender a sus hijos en un ambiente así). La ayuda a las madres maltratadas debería considerar como algo prioritario un apoyo especializado en la educación de los hijos, en particular cuando se detecta en ellos comportamientos de riesgo de violencia.

Medida 3. Cuando hay constancia de personalidad antisocial o psicopatía en el padre (aunque también puede ocurrir con la madre) hay que asegurarse de que el régimen de visitas no agrave los problemas en los hijos: los psicópatas usarán a sus hijos como herramienta de extorsión a sus ex esposas. Hasta la fecha son muy pocos los juzgados que contemplan esa posibilidad.

¿En las familias sin malos tratos, no es cierto que esa violencia sigue a una educación muy permisiva?

En algunos casos, si el niño tiene poca capacidad de afecto, así es. Pero antes de echar la culpa a los padres, recordemos que toda la sociedad es un gran escaparate que centellea ante los ojos de los jóvenes con sus mensajes obscenos acerca de dónde y cómo pueden alcanzar la felicidad (en los productos de consumo). Y que esos mensajes urgen a tener todo eso «ahora». Y recordemos también que esa misma falta de autoridad reina en nuestras escuelas, a juzgar por lo que todos sabemos.

Además, por las razones ya expuestas, muchísimas familias tienen menos tiempo que nunca para educar a sus hijos (en ocasiones porque los padres también son víctimas de esos deseos de consumo, pero principalmente porque no pueden vivir si no trabajan largas horas los dos). Ese tiempo queda todavía más mermado cuando la familia se rompe —algo muy habitual hoy en día— y las madres se ocupan solas de los hijos.

Finalmente, tanto las familias como las ideas generalmente aceptadas en las esferas de la sociedad que crean opinión han devaluado el concepto de responsabilidad personal en el sentido de *vincularse emocionalmente con los demás y cargar con la culpa de violentar esas relaciones.* La educación «moderna» hoy tiene su gran meta en llegar a ser «tolerantes». La conclusión es que muchos niños llegan a la adolescencia menos «tolerantes» que nunca con quien no respeta su voluntad.

¿Quiénes son los jóvenes que presentan el síndrome del emperador?

La gran mayoría de los niños saldrá adelante. Con unos padres razonablemente competentes y un ambiente sin grandes problemas, el grueso de los chicos, más o menos obstinadamente, llegará a la edad adulta sin graves problemas de violencia. Sin embargo hay una minoría creciente (cuya importancia salta a la vista) que tendrá más dificultades:

a) la formada por niños con rasgos vinculados a la psicopatía o personalidad antisocial, y *b*) aquellos otros que, a pesar de no sufrir malos tratos, son niños difíciles y no cuentan con padres demasiado competentes, en ocasiones sólo con una madre muy agobiada (niños hiperactivos en la infancia y muy fatigosos de sacar adelante, jóvenes que precozmente consumen alcohol y drogas, personalidades narcisistas, etcétera).

Estos dos grupos de chicos son los que explícitamente considero que representan el síndrome del emperador: jóvenes de clase no marginal que no sufren abusos de sus padres, sino que ellos abusan de sus padres. No reciben la atención adecuada que pudiera hacerles desistir de esa violencia.

¿Qué podemos hacer con estos niños?

Para esta situación la investigación sugiere que determinadas medidas serían prácticas que ayudarían a encauzar este fenómeno:

Medida 4. Hagamos un esfuerzo, en el ámbito de la política educativa y cultural, por revalorizar la socialización de los sentimientos, de las emociones, de la culpa. En una palabra: de la conciencia.

Medida 5. No castiguemos todavía más a los padres: ellos ya se sienten muy mal. Ayudemos a las familias comprometidas con la educación de sus hijos a manejar y atender a los niños que, por las razones que sean, muestran un comportamiento alejado de los sentimientos morales y proclive a la violencia. Los padres en la actualidad no saben qué hacer; tienen miedo de que la Autoridad les señale con el dedo y les acuse de ser «padres negligentes» (como le pasó a Luisa). La ideología imperante dice: «la educación lo es todo». Como consecuencia el niño es una *tabula rasa* (un lienzo en blanco) sobre el que los padres tienen el poder del Supremo Hacedor.

Por supuesto, cualquier científico de medio pelo sabe que esta imagen de la maleabilidad absoluta del niño es un puro disparate: éste nace con un sexo y un temperamento, con un sistema hormonal, con sus «puntos débiles» y «puntos fuertes»; viene al mundo con un proyecto indeterminado de existencia es cierto, pero viene constituido ya, con su equipaje genético y con una biología que quizá ya resultó afectada en el embarazo (¿sufrió algún golpe la madre?; ¿sufrió de anoxia en el parto?). La responsabilidad de una sociedad «moderna» y tecnológica es ayudar a los padres que tienen hijos violentos como les ayuda cuando presentan otros problemas de salud: *la violencia es un problema de salud pública, tal vez el mayor que existe.*

Medida 6. Desarrollemos unidades de atención especializada en el sistema de salud mental infantil. Que esas unidades dispongan de psicólogos y educadores comunitarios que lleven el programa a casa de las familias. Que haya un seguimiento. Muchos de estos padres, a pesar de su esfuerzo, necesitan que se les asesore acerca de cómo tratar a esos niños. Años de tensión y cansancio les pueden haber mermado mucho en sus fuerzas. Nosotros podemos ayudarles.

Medida 7. Tengamos preparada una buena red de detección precoz. Los problemas de violencia temprana deben de ser considerados objetivo relevante en el sistema de salud pero también en el sistema escolar. Particularmente en los años de preescolar y primer ciclo de primaria los maestros deben prestar atención al desarrollo afectivo de los niños: la prevención temprana es fundamental: no es lo mismo ocuparse de un niño cuando tiene seis años que cuando tiene doce. Cada año que pasa es un peldaño que se cae para construir la escalera de la prevención eficaz.

Medida 8. Demos de verdad a la escuela un papel relevante en la prevención de la violencia. En vez de hacer y rehacer leyes que todo lo dejan igual, hay algo ciertamente útil que se puede hacer en la escuela: demos autonomía y recursos para atender a los niños que muestran comportamientos de riesgo importantes. Logremos que el acoso escolar empiece a atajarse antes de que surja. La investigación señala que los peores «matones» de la escuela mostraron signos precoces de falta de sensibilidad moral y de violencia, y que presentan rasgos semejantes a los hijos que abusan de sus padres.

Medida 9. Expliquemos a los padres, en nuestros programas de ayuda, que hay diversas metas alcanzables, dependiendo de la edad en la que podamos intervenir y de la gravedad de la violencia del hijo o hija. Con niños pequeños se puede influir más en el desarrollo de la empatía y de la conciencia, es más fácil enseñarles a través de la práctica del comportamiento altruista. Acceden de mejor grado a comprender y aceptar que las sanciones y los privilegios es algo que ellos pueden aprender a manejar con sus propios actos. Con niños mayores el principio de autoridad de los padres ha de restablecerse, y es prioritaria su seguridad física. Se debe gestionar el conflicto para que los jóvenes puedan desarrollar una autonomía cuanto antes, y tengan así que enfrentarse a las consecuencias que la vida otorga a quien es irresponsable con sus tareas. En una palabra, estos jóvenes han de dejar de usar su hogar como un refugio del que protegerse frente a la responsabilidad que han de asumir en la vida. Los padres deben favorecer que se vayan y que se pongan a trabajar; a partir de ahí quizás podría establecerse un nuevo tipo de relación con ellos, con el tiempo.

Medida 10. El estado debe replantearse la irresponsabilidad y violencia de muchos jóvenes como un problema asociado con la práctica de nuestra sociedad de considerarles inútiles para toda contribución significativa. La extensión de los Derechos del Niño ha ido pareja con su definición de irresponsables para todo. Cuando los niños no ven nada que les estimule y que oriente su proyecto vital —que desconocen— buscarán en lo que les ofrece la sociedad de consumo y del entretenimiento su realización personal. Y ya sabemos lo que van a encontrar.

Medida 11. Una escuela desmoralizada y rendida agrava el problema de la violencia hacia los padres. La violencia se contagia y se expande como el aceite en el agua. Muchos matones en la escuela tenderán a ignorar —en el mejor de los casos— a sus padres, y otros irán más allá, abusando de ellos. Ya sé que nuestras escuelas no son el Bronx, pero con nuestros estudiantes por los suelos del rendimiento académico de Europa y el problema de integración multicultural en el que estamos sumidos, alguien debería hacer algo pronto. De verdad.

Medida 12. El sistema de justicia juvenil debería estar más preparado y más ágil para responder con rapidez a estos jóvenes violentos. Ellos deben saber que lo que hacen es un delito, y que no pueden quedar impunes.

Medida 13. En general, deberíamos recoger en nuestra filosofía educativa las enseñanzas de los hombres y mujeres que muestran un gran compromiso moral. Todos debemos ayudar a que los padres sean capaces y estén en disposición de:

a) lograr un buen apego emocional con sus hijos

b) desarrollar en ellos desde el principio al máximo los sentimientos morales y la conciencia

c) hacerles participar en actividades de ayuda desinteresada; darles oportunidades para que practiquen los hábitos morales correctos

d) exigirles esfuerzo en sus vidas para lograr recompensas

e) orientarles a reflexionar sobre las consecuencias indeseables de sus actos en los otros y en ellos mismos (la moralidad negativa)

El filósofo Rafael Argullol ha escrito recientemente un artículo donde se hace eco del prestigio que hoy en día tiene en nuestra sociedad el matón (el violento en la escuela y en la casa) y el necio, el que se jacta de que no estudia y de que nada sabe de verdad. Es un texto que capta en parte el espíritu de nuestra época. El lector de este libro reconocerá en algunas de sus palabras el carácter del síndrome del emperador: «[el matón] ha descubierto la rentabilidad de la trampa y de la violencia. Paralelamente se ha ido cerciorando de que la verdad tiene escasa importancia en relación a la capacidad de persuasión. Por fin también ha sabido que ridiculizar otorga más dividendos que argumentar».

La trampa, la violencia, la persuasión engañosa, la mentira... rasgos de una personalidad psicopática. El filósofo prosigue: «El aprendiz de matón se siente seguro del camino escogido porque no ve indicio alguno de que las cosas vayan en otra dirección. Poseedor de todos los derechos e ignorante de cualquier deber, se convierte en un maestro del chantaje». La impunidad, el desprestigio de la responsabilidad personal y la filosofía de lo políticamente correcto (ningún niño es más culpable que sus padres o maestros) le permiten salirse con la suya e imponer su ley.

Y concluye: «*Nada es más útil que infundir temor en un mundo en que los padres tienen miedo de sus hijos, y los profesores, de los alumnos.*» Me acuerdo ahora de la expresión del presidente de la federación de centros de enseñanza pública a propósito de por qué los profesores no se atrevían a denunciar los casos de violencia en los colegios: «Si coges mala fama, échate a morir.»

Capítulo 9

Nunca es demasiado tarde

Intervenir cuando los hijos muestran un desafío y violencia importantes

Los años que han transcurrido desde la primera edición de esta obra no han hecho sino confirmar, mediante los estudios realizados en jóvenes violentos con sus padres, la tesis principal de este libro: existe un subgrupo de niños y jóvenes que amenazan, extorsionan o golpean a sus padres que tienen rasgos muy marcados de psicopatía. No es que se diga esto muchas veces en los medios de comunicación, pero sencillamente la evidencia es demasiado importante como para dejarla de lado. Por desgracia, sigue siendo muy popular la creencia de que *en todos los casos*, los padres son los principales responsables del comportamiento violento de sus hijos. Quizás los profesionales y los responsables de los servicios de atención al menor y la familia tienen miedo de parecer «biologicistas» o insensibles ante la sociedad por «echar la culpa» a los hijos y no a los padres. Uno queda fenomenal en una conferencia o en plató de televisión diciendo que estos hijos son agresivos con sus padres porque estos «les han consentido todo», «han querido ser sus amigos en vez de sus padres» y «no les han puesto límites».

Dos tipos de hijos violentos

Sin embargo, como digo, en estos años se han estudiado diferentes muestras de chicos y chicas que han pasado por los juzgados de menores por delitos de violencia filioparental, y casi sin excepción cuando se ha estudiado la personalidad de los menores se ha observado que ellos tienen carencias graves en inteligencia emocional, es decir, en la capacidad de comprender las propias emociones, regularlas y atender a las emociones de los demás para saber relacionarnos de forma competente y resolver problemas. Por otra parte, un subgrupo de estos menores presenta puntuaciones elevadas en los tres rasgos esenciales de la psicopatía: la insensibilidad emocional (falta de empatía; emociones superficiales, ausencia de sentimientos de culpa), el narcisismo (sentirse superior a los demás, sentirse especial o liberado de seguir las normas,) y la impulsividad o falta de autocontrol.

Estos chicos no han tenido malos padres; simplemente han resultado muy difíciles de educar. Las investigadoras Cuervo y Rechea entrevistaron en el año 2010 a una muestra de padres e hijos que habían tenido que comparecer ante los juzgados por la violencia de los hijos, y concluyeron:

> Un punto muy importante a tener en cuenta es el de los estilos educativos aplicados por los padres. Se puede observar que inicialmente las normas impuestas a los hijos son las que se suelen aplicar a cualquier niño y adolescente, modificándose a medida que los hijos se hacen mayores (...) Es decir, se trataría tanto de una inversión de roles donde la figura de autoridad la ejerce el hijo, como de un proceso de involución donde los patrones de crianza se transforman en inadecuados habiendo sido adecuados en un principio. De cualquier manera, ante la imposición a cualquier precio y el uso de la violencia para obtener los objetivos deseados, la educación y control de la conducta de estos menores se torna en tarea ardua y en muchas ocasiones carente de pautas claras de elección por parte de los padres.

En otras palabras: a medida que los hijos no respondían frente a los estilos educativos que normalmente son efectivos con la mayoría de los niños, los padres iban cediendo terreno y, desorientados y confundidos, insistían en pautas educativas erráticas que eran inadecuadas para hacer frente a la educación de los hijos. Cuando finalmente son evaluados por los psicólogos en los juzgados, éstos sólo ven su situación actual, su derrotismo, y erróneamente atribuyen a esas pautas educativas deficientes el origen del problema. Pero es un error: *los padres eran buenos educadores al principio, sus hijos provocaron que ellos fracasaran.*

Los menores violentos con sus padres debido a sus rasgos de psicopatía son, propiamente, a los que denomino como «emperadores» (o «emperatrices»). El punto clave es su incapacidad para establecer un vínculo significativo de amor con sus padres. Otros muchos menores nacen en familias inadecuadas, porque observan violencia entre sus padres, o directamente sufren ellos mismos malos tratos, o bien los padres son claramente negligentes en cuanto a la atención y cuidados que les prestan. Estos menores precisan mejores padres, no cabe duda, porque canalizan en actos de violencia la frustración derivada de no sentirse atendidos, y de verse muchas veces impotentes ante una realidad que les supera, porque no han desarrollado la confianza y los hábitos necesarios para, por ejemplo, triunfar en la escuela o tener un grupo de amigos saludable.

Cerrar filas

Este libro está dedicado a aquellos padres que tienen hijos difíciles por nacer con un temperamento complicado, pero que son buenos padres, tienen tiempo para dedicarles y deseos de que sus retoños sean personas de provecho el día de mañana. Lo primero que tienen que comprender estos padres es que necesitan cerrar filas ante el problema. Como si tuvieran una hija anoréxica, otra patología que tiene componentes de personalidad notables. Han de quitarse el complejo de culpa. Deben de ser conscientes de que nunca es demasiado tarde para mejorar las cosas.

UN NUEVO MARCO DE REFERENCIA

• Dos visiones del problema

Cuando nos reunimos hace algunos años con padres que presentaban este problema familiar con objeto de desarrollar un programa para ayudarles en Cantabria, quedó claro que lo normal era que ellos estuvieran muy dolidos y se sintieran fracasados por no haber logrado tener una relación cariñosa y respetuosa con los hijos. Sin embargo, no puede haber tiempo para lamentaciones: cuanto antes se inicie un nuevo estilo de relación, mucho mejor.

Para mí es importante que los padres comprendan que sus hijos, sin el esfuerzo que les han dedicado, estarían en una situación mucho peor. Para ello, quiero que comprendan que buena parte de su desesperación procede de que no tienen la adecuada perspectiva: si no fuera por ellos, ahora sus hijos estarían con un fracaso escolar importante (en todo caso, mayor del que ahora presentan), y quizás habrían adquirido hábitos antisociales generalizados en la calle. Para ello les presento la diapositiva que se muestra arriba. Si se comparan con hijos normales, se sentirán decepcionados. «Los hijos de mis amigos son más amables, más obedientes, no les desafían, van mejor en la escuela», se dicen, pero no se dan cuenta de *dónde estaría sus hijos* si ellos no se hubieran preocupado por llevarles a especialistas, o por reunirse con los tutores por causa de las malas notas, o de no haber intentado —con mayor o menor éxito— negociar, castigar, premiar, razonar o discutir con ellos mil veces las situaciones conflictivas.

Comprender lo que se hace mal

Otra cuestión muy importante es explicarles que no vale ceder ante la presión; a la larga, en muchas familias (no siempre) se llega a un punto donde se pierden los nervios y se utiliza el castigo físico como respuesta final a una situación que no se soporta. Esta otra diapositiva les ayuda a entender el problema central de dónde está el centro de su respuesta ineficaz:

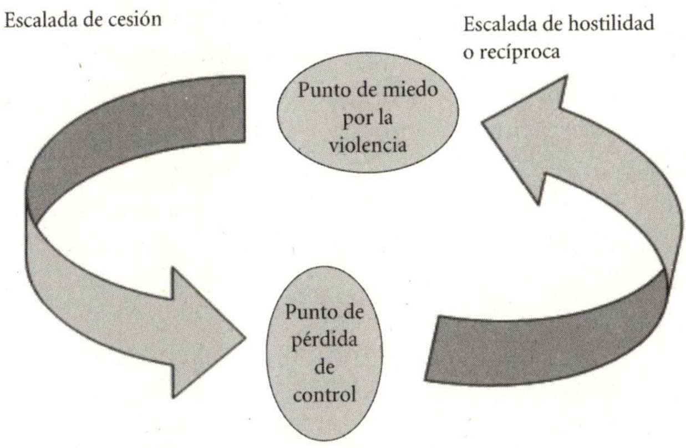

En ocasiones reaccionamos ante su creciente desafío cediendo; a medida que los problemas aumentan y nuestros intentos por solucionarlos fracasan, tendemos de forma natural a ahorrarnos un nuevo enfrentamiento, y vamos dejando de afirmar nuestra autoridad. Esta escala de cesión, sin embargo, sólo lleva a que empeoren los problemas, y llega un momento en que tememos perder el control («Punto de pérdida de control»). Por consiguiente iniciamos una escalada en el sentido contrario: nos ponemos «duros» y aplicamos castigos con más rudeza, pero cuando el enfrentamiento llega al punto de la violencia física nos damos cuenta, horrorizados, de que esto no nos lleva a ninguna parte («Punto de miedo por la violencia») y volvemos al inicio: empezamos de nuevo a ceder. Se crea así una espiral o ciclo donde nos sentimos atrapados, y con el tiempo el chico va acaparando cada vez más poder.

Frente a esa situación, los padres han de entender que su fuerza deriva de su inquebrantable adhesión a no utilizar la violencia ni los castigos erráticos; que no han de perder el control, que han de convertirse en «resistentes pero firmes defensores de la justicia», a modo y semejanza como hizo Gandhi en su lucha contra los invasores ingleses. La razón les asiste, su actuación como padres nace de su fortaleza en sus convicciones, y por enseñar y allanar el camino a su hijo para un nuevo tipo de relación.

Es el momento, por consiguiente, de entender que necesitamos un nuevo enfoque, completamente distinto. Necesitamos una nueva meta y otras estrategias de educación. Antes de señalar esa nueva meta, es necesario detenernos en otro aspecto esencial para que podamos implementar una educación más eficaz en nuestros hijos.

El estilo de relación proactivo

Los jóvenes se sienten atraídos por el poder, al igual que los adultos, así que, una vez que tienen una parcela lograda, no la van a dejar fácilmente. Esta es la razón por la que los hijos manipulan tanto: *quieren hacer que los padres se sientan mal con objeto de que no les impidan lograr o mantener ese poder ya conquistado.* Esta es un arma formidable, que no dudan en emplear tantas veces como crean que puede ser efectiva. De ahí que hagamos hincapié en la idea de que los padres han de ayudar a sus hijos precisamente por el amor que les profesan, en contra incluso de la voluntad de ellos mismos.

Los padres deben abandonar la *estrategia reactiva* en la educación de sus hijos. Esa reactividad se aprecia cuando los padres explican el problema habitual que tienen con ellos: «Ya no pude aguantar más y le di una bofetada...». «Me puso tan cabreado que pensé que si le hacía caso le iba a matar, así que me fui y lo dejé solo...». En estos ejemplos los padres *van por detrás de las conductas de los chicos;* reaccionan a lo que ellos hacen, y precisamente en el sentido en el que ellos esperan: *abandonando o perdiendo el control.*

Por eso no es útil el castigo físico: es otra forma de conducta reactiva, y por consiguiente no es efectiva. Antes al contrario, puede hacer que el proceso de violencia se incremente, ya que el castigo enseña que las reglas del juego incluyen el uso de la agresión y, por ello mismo, transmite el mensaje de que quien es más violento obtiene más poder.

Los padres tienen muchas veces el mismo sentimiento que experimentaba Bill Murray en «El día de la marmota»: cada día se va a repetir la misma secuencia, en la que su hijo actúa de forma inadecuada (irrespetuosa, irresponsable, violenta, etc.) y ellos no sabrán cómo pararla, fluctuando entre *el no hacer nada*, abandonando la situación, o *sobre-actuando,* es decir, dejándose llevar por la ira, amenazando, insultando e incluso golpeando. Ambas son estrategias reactivas: los padres reaccionan ante lo que sus hijos les proponen, y actuando así les permiten que ellos controlen la situación, aunque momentáneamente puede que hayan ganado uno de los «rounds» o asaltos.

¿Por qué decimos que los hijos también controlan la situación incluso en el caso de que los padres impongan su voluntad mediante el uso de la fuerza? Los niños violentos saben que ganan una confrontación con los padres de dos maneras. Una es cuando se salen con la suya, es decir, cuando consiguen lo que quieren. La otra es cuando, a pesar de no obtener lo que se proponían, hacen que los padres pierdan el control, lo cual tiene dos lecturas en su mente: a) «*Cuando me lo propongo les saco de quicio*»; b) «*Me obligan con sus amenazas y golpes a ceder, pero está claro que la próxima vez puedo ser más duro y salirme con la mía*».

Frente a esto, los padres han de manejar la situación *sin* estrategias reactivas, sin que se vean compelidos a actuar bajo la presión del momento. Los padres han de creer que la situación está en sus manos, a lo que les ayuda descubrir que el hijo emplea la violencia, precisamente, como forma de obtener el poder, y por ello ejercen el abuso. Así pues, cuando un hijo emplea todas sus armas —que incluyen el abuso físico y el emocional— todo lo que pretende es seguir controlando la situación. *La clave está en no reaccionar al dictado de estos esfuerzos de manipulación.*

Al no responder a la provocación el niño se ve frustrado en su intento de lograr control: los padres no están haciendo lo que él quiere que hagan al usar su táctica. Lógicamente, eso no es suficiente para lograr el cambio, aunque probablemente esa provocación (por ejemplo, insultar o maldecir, vejar con palabras) disminuya en intensidad o frecuencia. Pero es un punto necesario a partir del cual se puede construir una nueva estrategia en el enfrentamiento del hijo violento.

Una nueva meta

La nueva meta no puede ser que nuestro hijo sea un chico adorable, como cualquier otro, porque no lo es, pero eso no significa que no pueda llegar a ser alguien con una vida centrada, o que no podamos desarrollar con él una relación que al menos pueda ser calificada de aceptable o correcta; todo dependerá del grado en que su personalidad posea los rasgos de la psicopatía antes señalados. Pero es importante no desfallecer en ningún caso, porque siempre se podrá avanzar y mejorar. Es importante recordar que la personalidad resulta, durante la infancia y adolescencia, permeable; ésta no se desarrolla hasta llegar a la edad adulta, luego siempre hay un margen de mejora.

¿Cuál puede ser, entonces, esa nueva meta? Primero, hay que tener claro que hay que recuperar la autoridad. La familia no es una democracia, sino un Estado jerárquico, donde los padres ejercen el poder, no un poder omnímodo, pero sí moderado y legitimado por el hecho de tener la responsabilidad, como padres, de educar a los hijos. Sobre esta base, la meta ha de ser lograr que nuestro hijo sea una persona autónoma. Hemos de trabajar con la idea de que, cuanto antes, se enfrente a la realidad de la vida. Nuestra casa no puede ser su santuario: la vida enseña que las conductas responsables son recompensadas, y el descuido o la indiferencia ante las obligaciones lleva al ostracismo y al rechazo.

Y esto sirve para situaciones que parecen más allá de toda redención. Por ejemplo, veamos este caso:

> Daniel tiene 16 años, vive con sus padres en Sevilla. A los ocho años empezó a mostrar comportamientos muy agresivos: en varias ocasiones prendió fuego a diversos enseres de la casa, y participó en numerosas peleas con sus compañeros de clase. También fue objeto de acoso, y formó parte de los acosadores en otros momentos. Su hermano, dos años mayor que él, desde siempre le tuvo miedo, ya que si bien es más fuerte que Daniel, éste mostró siempre una enorme agresividad: puertas rotas, gritos e insultos, le robaba o destrozaba sus pertenencias sin que le importaran los castigos... Cuando le conozco, a los 16 años, Daniel ha pasado ya por tres colegios. En los dos últimos hay constancia de que tuvo un comportamiento de acoso hacia alguno de sus condiscípulos. En un caso, estuvo arrebatando el bocadillo de un chico de su clase durante varias semanas y luego lo pisaba y lo tiraba a la basura, en represalia porque no había querido hacerle un trabajo escolar. En otro caso documentado dio una paliza y robó a un alumno al que insultaba habitualmente llamándole «foca apestosa».

Tiene varios diagnósticos, consecuencia de su peregrinar por los especialistas, pero el más repetido es «trastorno disocial»: este es el diagnóstico oficial para muchos de los que, de adultos, exhibirán una psicopatía. No obstante, hay chicos que pueden cometer actos atroces en su adolescencia o primera edad adulta sin presentar signos muy nítidos de violencia desde pequeños. No sabemos por qué, pero algunos parecen ser «durmientes», y explotan más adelante en actos de violencia inusuales. Otros, como Daniel, avisan desde el principio. Son inmunes a las regañinas, parecen no comprender los sentimientos de los demás. Viven en su propio mundo, absolutamente egocéntricos.

A los 13 años empezó a insultar gravemente a sus padres. Como estos le castigaran un fin de semana sin salir, al volver el sábado por la noche a casa los padres comprobaron que la pared de su dormitorio tenía escritas con spray las palabras (con tipografía en mayúsculas): «OS ODIO. ALGÚN DÍA ME LAS PAGARÉIS. Y SERÁ PRONTO».

Daniel nunca se ha enfrentado físicamente a su padre, pero sí ha zarandeado a su madre, la ha empujado y le ha dicho varias veces que «le importa una mierda que seas mi madre», amenazándola con que «me vas a dar ahora el dinero que te pido (para una cazadora) o te echo a perder tu guardarropa». Cuando llega a casa su padre —gerente en una empresa de fabricación de plásticos— él se ha marchado por ahí, o se encierra en su cuarto (ha puesto tres veces una cadena, cada vez que la retira su padre él la vuelve a poner).

Este último año ha sido muy duro: los padres no le reconocen como su hijo a medida que va creciendo. Él repite por segunda vez tercero de secundaria. Dice que «los listos» no han de estudiar; que sólo espera cumplir 18 y ganar un dinero para «desaparecer para siempre». Cuando le pregunto qué hará si no consigue dinero, me dice que «cualquier cosa». «Aguantaré a estos pringados —por sus padres— sólo lo imprescindible... Ya no los soporto. Y si mi padre algún día me toca, tengo amigos que le pueden devolver el favor...».

Aquí tenemos a un chico que «lo tiene claro»: busca explotar a sus padres. Este es el camino equivocado, por supuesto. Les dije a sus padres que hablaran con un abogado. El abogado habló luego con el hijo y le comentó que podía ser objeto de una medida judicial si continuaba creando ese clima de terror en casa. Pero en todo caso le hice ver que cuando cumpliera 18 años los padres no tendrían dificultad en lograr que un juez determinara su expulsión de casa por su maltrato hacia los padres. Luego tenía dos opciones: contribuir a que hubiera paz en su casa, o enfrentarse a las consecuencias de una intervención judicial.

Este es un caso extremo; en otras ocasiones resulta más fácil poder cambiar el rumbo, y para ello se necesitan que los padres asimilen tres actitudes fundamentales.

Tres actitudes fundamentales

La primera es ver a su hijo como una persona que necesita de un aprendizaje intenso en autocontrol, y que éste solo se logra si los padres transmiten, ellos mismos, sensación de control y al tiempo de interés sincero por su hijo. Pero nunca más miedo o debilidad. La actitud de «valentía» de los padres ha de basarse en la idea de que siempre sus hijos buscan manipularles mediante el sentimiento de culpa o la amenaza. *Toda la estrategia de relación de los hijos con el síndrome del emperador se basa en la idea de la manipulación.* Frente a ella, la actitud de los padres ha de ser firme, valiente, decidida. Y basada en la actitud optimista de que las cosas van a mejorar. Este optimismo no es un mero formulismo: si no se cree en ese cambio, nada de lo que se proponga tendrá sentido.

En relación con esta primera actitud, ha de ponerse en práctica esta otra: los padres han de ser objetivos, ver con claridad, comprender que los hechos revelan a las personas, y no los discursos.

En efecto, los hijos acusan a sus padres, cuando éstos les contrarían, de que «no les quieren» o son despreciables en algún sentido. Se trata, como ya he comentado, de estrategias de manipulación. Esto es muy relevante para que los padres puedan centrarse en los aspectos comportamentales de sus hijos, *en lo que hacen, y dejen a un lado el componente emocional a la hora de responder,* que es lo que pretende el niño o adolescente mediante su coacción. En otras palabras: si los padres responden a las emociones de los hijos, y no a sus conductas, muchas veces claudicarán por temor a ser muy duros o, contrariamente, a que éstos tengan un estallido de violencia u otra conducta en extremo negativa (fugarse casa o del colegio; tomar drogas, etcétera). Pero caer en esa trampa es un gran error. Por ello los padres han de tomar la iniciativa, y han de dirigirse a su hijos con una declaración explícita, que incluya las conductas específicas que hay que rectificar en el joven, todo ello en un tono neutro: *«Esta familia ya no puede ni debe tolerar tu comportamiento desobediente y violento»*, y a continuación detallar esas conductas que no pueden tolerarse: «Golpear a tu hermana cuando te enfadas con ella por cualquier motivo»; «insultar a tu madre con palabras como 'puta' o 'loca', u otras igualmente ofensivas»; «empujarnos a cualquiera de nosotros (los padres) para darnos miedo por no acceder a lo que nos pides», etcétera.

Al actuar de este modo, decimos que los padres emplean un estilo asertivo de comunicación. «Asertividad» significa que decimos las cosas de manera que no humilla a la otra persona, o le supone una amenaza o una agresión emocional (como lo es un insulto), pero tampoco adquiere el tono de una súplica o de una declaración temerosa. Las personas asertivas expresan de manera concisa y franca sus pensamientos. La declaración explícita mencionada en el párrafo anterior es un buen ejemplo de comunicación asertiva.

Los estallidos de violencia son raros; y en general el menor «controla» hasta dónde puede llegar. Por otra parte, si se hace necesario acudir a la policía no hay que temer hacerlo, pero en la inmensa mayoría de las circunstancias no será necesario si se cuenta con el mínimo apoyo de otros adultos.

Lo anterior nos lleva a la tercera actitud: apertura hacia nuestros amigos y conocidos, nuestra red social. La importancia de esta actitud queda reflejada en el siguiente caso.

> Gema, la madre de Miguel, tiene 39 años, está divorciada y trabaja por las mañanas de 8 a 3. Miguel tiene 12 años, cursa 6º de primaria, y mide 1.70. Su hermana se llama María, y tiene 10 años. El marido de Gema se fue de casa cuando Miguel tenía 8 años. Tanto Miguel como María fueron capaces de adaptarse bien a la situación, y según Gema «Miguel pasó unos meses alterado, pero lo llevó aparentemente mejor que su hermana, que estaba más pegada a su padre». Miguel es fuerte, no habla mucho y no mira a los ojos. Su madre me comentó que, desde hace unos meses, poco después de empezar el curso, «había cambiado mucho». Se había enterado que le había robado varias veces del bolso, y que sus notas habían caído en picado. Y lo que es peor, había empezado a protestar mucho por cualquier cosa, «aunque lo único que le pido que haga es su habitación por las mañanas».
>
> Lo peor ocurrió hace dos meses: Miguel quería salir por la tarde para irse con unos amigos, pero su madre se lo prohibió, porque al día siguiente tenía un examen. Entonces Miguel la insultó gravemente y le arrojó al cuerpo el tostador del pan. Ahora Miguel apenas le dirige la palabra, no arregla su habitación y va al colegio «como un zombie».
>
> Yo le pregunto a Miguel lo que quiere y, después de mucho insistir por mi parte, me dice que «su madre no se entera», que sólo parece estar pendiente de la «gilipollas de su hermana», y que «ella no es quién para tratarlo así».
>
> Es claro que Miguel tiene los dos problemas habituales de los chicos con síndrome del emperador: poca capacidad afectiva y un bajo sentido de la contención (es decir, no cree que su madre tenga el derecho de imponerle normas de conducta, y tampoco parece preocuparle mucho la posibilidad de ser castigado).

Las cosas se complican más cuando estos niños empiezan a pensar que sus padres no serán capaces de imponerse, es decir, de castigarles, ya que en estos casos se une su creencia de que los padres no son quiénes para castigarles a la creencia de que no podrán hacerlo.

Junto a la baja capacidad afectiva y sentido de la contención, en estos niños aparece un deseo muy persistente por obtener sus propósitos, es decir, una hiperfocalización en sus propias metas egocéntricas, que hace que todo lo que las obstaculice sea motivo de ira para él. En este caso elaboré el siguiente plan de acción.

Primero, le dije a Miguel que podría seguir sin hablar con su madre, pero en ese caso no veía cómo podría conseguir sus propósitos de lograr salir y tener ropa nueva (era muy presumido). Le convencí de que no tenía que querer a su madre a la fuerza, pero sí respetarla. Le hice ver que podía ser un chico inteligente si simulaba que la entendía. Y que aún sería más inteligente si dejaba de robar (él lo llamaba «préstamos») y si no volvía a agredir a su madre. Quedamos en que hablaría con su madre para que ella pudiera premiar su buen comportamiento, pero que no aceptaría de ningún modo más violencia contra ella, que esa era una conducta —así la etiqueté— de «personajes fracasados y enfermos». También le expliqué que si esa conducta persistía iba a tener que reunirme con el colegio, y explicar su comportamiento, porque tendrían que saber que tenían un alumno «especial». Estos niños generalmente cuidan mucho su imagen, en particular si no han planteado problemas relevantes en la escuela.

Pude apreciar cómo eso le atemorizó, y que su capacidad de entender que su madre le podía educar había subido varios enteros.

Me reuní con Gema y le expliqué que si volvía a agredirla me avisara de inmediato. Le pedí que elaborara una lista de (1) conductas inaceptables, (2) conductas que debía realizar (sus obligaciones) y (3) conductas «brillantes», que suponían que él se había esforzado realmente en llevar a cabo.

En la próxima reunión con Miguel y su madre quedó claro que él estaba obligado a hacer su habitación, cuidar de su hermana cuando fuera necesario e ir a la escuela y estudiar. Le dije que si repetía curso iría con chicos más pequeños (algo que sería humillante para él), y que su horizonte de cosas apetecibles se iría alejando. Que a medida que fuera comportándose bien, él viviría mejor.

Le dije a su madre que hiciera regularmente tres cosas. En primer lugar, que no perdiera oportunidad de subrayar las cosas que Miguel hiciera bien; en segundo lugar que no discutiera, que no perdiera el tiempo «razonando» sus decisiones, sino que le afirmara lo que hay que hacer explicando una única vez la causa de ello, y, finalmente, que intentara hablar con él cada día unos minutos para explorar su mundo emocional. El vínculo, por pequeño que sea, no tenía que perderse, y lo que le solicitaba era que aprovechara algo que podían estar compartiendo para que pudieran tener el máximo acercamiento afectivo que pudieran.

Quedé con su madre que le propusiera participar ese verano en un campamento con niños con síndrome de Down, quince días. Que era importante toda experiencia que le ayudara a desarrollar su capacidad afectiva, y su sentido de la disciplina. El premio, si aprobaba el curso y acudía al campamento, era una bicicleta de montaña que deseaba mucho.

Gema me dice, un año después, que no se ha vuelto a repetir un nuevo acto de violencia, aunque algunas veces hubo «broncas grandes». Lo fundamental es que ella tiene afirmada su autoridad, y creo que ha establecido las pautas que permitirá a Miguel atravesar la adolescencia sin meterse en demasiados problemas.

Valentía, objetividad y apertura: tres actitudes que nos ayudan a escapar de la espiral de coacción de los hijos tiranos. El propósito fundamental de generar una nueva dinámica de relación en el hogar no es hacer que el hijo se transforme en un ser humano ideal, sino que desarrolle todo su potencial positivo para que llegue a ser un hombre (o una mujer) lo más normal posible dentro de sus posibilidades. Esas tres actitudes, en la medida en que se vayan integrando en la psicología de los padres, irán asociadas al sentimiento de que de nuevo ellos son educadores dueños de sus actos, y que por ello cada vez serán menos manipulables por sus hijos.

Para que alcance este resultado, los hijos, por su parte, ha de conseguir tres aprendizajes fundamentales.

Tres aprendizajes fundamentales

El primero es lo que podríamos denominar un sistema de valores funcional. Los hijos tiranos son egocéntricos, sus metas son lograr lo que desean, sin que importe el dolor que causan a sus padres. Los valores que guían su comportamiento son mezquinos, porque estrechan sus opciones vitales: al rechazar las orientaciones de los padres pierden una parte muy importante de su posibilidad de abrirse al mundo en una etapa donde el desarrollo de sus habilidades resulta crucial para su futuro. Y ese desarrollo, para ser sano, ha de estar basado en el fortalecimiento de los vínculos con los demás, en una autoestima sana que les relacione con personas y actividades que les enriquezcan.

La cuestión crucial es que ese cambio solo es posible si en su interior aceptan que la violencia y la manipulación no son rentables, y que en su lugar introduzcan el valor de negociar y aceptar el compromiso, aunque sólo sea por la razón de que esto último les beneficia o «les funciona mejor».

El segundo aprendizaje es el autocontrol. Este solo se logra si se tiene una buena razón para no ceder ante los deseos, por grandes que sean, de lograr lo que uno anhela. De ahí que sin valores «funcionales», el autocontrol no sea posible. Para controlarse, el chico ha de tener una buena razón. ¿Cómo se motiva uno para controlarse? Recordando que la última vez la pérdida de control no funcionó, no le acercó más a sus metas. En la actualidad los psicólogos tienen buenos métodos para enseñar el autocontrol. Acudir a uno de ellos para que le enseñe en unas pocas sesiones cómo adquirirlo puede ser de ayuda, si el menor accede a ello, pero ese deseo está supeditado a que su valor sea el de no perjudicarse más. Los padres, no obstante, pueden sugerir remedios caseros pero que funcionan: contar hasta diez antes de responder, salir y darse una vuelta, irse a su habitación, respirar profundamente.

El tercer aprendizaje se relaciona con la comprensión por parte del joven de que su comportamiento es anómalo. En el caso mostrado anteriormente me esforcé en que se viera a sí mismo como un «bicho raro» si actuaba de ese modo. No hay nada que más teman los jóvenes que verse como diferentes a los demás, en un sentido negativo. Para lograr este fin el compromiso de los familiares y otros adultos es esencial. Por esta razón animo a los padres a que hagan del problema familiar un problema de toda la familia, no sólo de la que vive en casa. Les digo que le transmitan claramente esta idea a su hijo: «*Tu comportamiento violento no sólo nos afecta a nosotros, tu familia inmediata, sino a toda la familia, porque nuestra felicidad influye sobre nuestras relaciones y la felicidad de tus tíos y abuelos. Por consiguiente, ellos van a estar con nosotros en esto y van a intentar ayudarte a que quieras controlar esa violencia*».

El internado

Hay veces que los padres me preguntan si no deberían ir a un internado. Como toda pregunta genérica la respuesta no puede ser unívoca para todos los casos, pero en general «mandar al chico fuera de casa» siempre implica imposibilidad de control por parte de los padres en el hogar. Hay veces en que esto es necesario, si los padres no tienen recursos para hacerse cargo de la situación, pero el riesgo es que la ausencia genere en los padres el sentimiento de que ellos no les van a poder controlar (ya que dejan esa tarea al internado). Por otra parte, el tiempo que no pasan juntos supone un periodo donde cesa la influencia positiva que los padres podrían aportar en su trato con el hijo.

Así pues, diríamos que el internado puede ser una buena estrategia si, al mismo tiempo, los padres aprenden a gestionar la relación en los días en que pasan juntos (fines de semanas, vacaciones), si se esfuerzan por relacionarse con su hijo, y si el internado reúne las condiciones pedagógicas adecuadas, es decir, que sirve para fomentar los hábitos y actitudes prosociales del chico.

Los padres como educadores de los hijos tiranos

Como ya comenté, en Cantabria se puso en práctica un programa para ayudar a los padres con hijos violentos a reconducir la situación. Durante cinco sesiones cuatro familias aprendieron a poner en práctica las ideas fundamentales mostradas en estas páginas.

El resumen del estudio de seguimiento individualizado de las cuatro familias permite ser optimista con respecto a los resultados del taller y a su empleo futuro en el tratamiento de este tipo de jóvenes violentos. En una familia hubo una disminución ostensible de la violencia, y en dos ésta cesó por completo. Solamente en una familia no hubo mejora alguna, la correspondiente al joven que, en el momento de realizarse el taller, ya era mayor de edad. Sin duda son importantes los recursos con los que cuentan los progenitores para establecer esa nueva relación con el hijo a la que induce el taller, que incluye pautas educativas diferentes. La familia que no cambió tenía como responsable a una madre que vivía sin pareja, con otros dos hijos pequeños a su cargo. Su ex marido la había maltratado. Quizá en estos casos se haga necesaria la intervención de la justicia como la respuesta más efectiva.

A continuación es importante detenerse un poco en un aspecto del taller que, de acuerdo a la terapeuta que lo dirigió, no llegó a desarrollarse de forma satisfactoria: la formación de una red social (personas de apoyo) que pudieran asistir a los padres en el control y manejo del chico. Este recurso de la red social cumple una doble función: por una parte, disponer de esas otras personas permite un control más estrecho de los movimientos del hijo, es decir, mejora la supervisión de lo que éste hace cuando se halla fuera del hogar, algo que es crucial si lo que se trata es de encontrarlo en casos en que se vaya de casa; por otra parte, estas mismas personas pueden apoyar a los padres en momentos difíciles de la relación con el hijo, como cuando una madre siente que está en peligro su integridad, o bien para reforzar el sentimiento de autoridad de ésta mediante visitas o contactos frecuentes con el hijo.

La importancia de la red social es más relevante si tenemos en cuenta que muchos de los expedientes de violencia filio-parental involucran a los hijos y a las madres, generalmente en ausencia de los padres. El aislamiento de la madre facilita el ejercicio del poder despótico del hijo. Una red de apoyo puede ser un elemento necesario en aquellos casos en que la madre haya perdido ya mucha de su influencia y cuando ella se siente agobiada por sus quehaceres en el hogar y en el trabajo.

Por otra parte, si analizamos aquellos recursos o enseñanzas del taller que resultaron valiosos para los padres que participaron en él nos damos cuenta de que el común denominador se puede resumir del siguiente modo: *los padres obtuvieron una energía renovada, volvieron a creer que debían ejercer sus tareas de educación y sintieron que podían hacerlo.* Lo que les llevó a esa nueva percepción es que ahora contaban con nuevas formas de proceder, nuevas herramientas que les ayudaron a no caer en el círculo vicioso de acción-reacción que les exigían sus hijos. Al comprender cómo procedían éstos para evitar que sus padres fueran educadores efectivos (mediante la manipulación), los padres fueron capaces de contrarrestar sus provocaciones mediante un ejercicio de autocontrol fundamentado en la siguiente idea esencial: «*No voy a agre-*

dirte, pero lucharé con todas mis fuerzas para que cambies tu comportamiento».

Esta idea representa —como ya señalamos anteriormente— el principio esencial de la «resistencia no violenta», y confiere legitimidad a los esfuerzos de los padres por imponer normas a sus hijos. Éstos no tienen más remedio, a su pesar, que empezar a comprender que sus padres les disciplinan y educan porque se sienten, como padres, legitimados para hacerlo, y para lograr tal fin harán lo que esté en sus manos, aunque a ellos no les guste. Muy próximo a este principio está el actuar de modo proactivo, es decir, mediante comportamientos que se adelantan a las acciones disruptivas o violentas de sus hijos. Antes de implementar este estilo proactivo los padres estaban siempre pendientes de responder a las malas acciones de los chicos. Es decir, la convivencia estaba viciada por una actitud reactiva de los padres: habiendo fijado unas normas —más o menos inefectivas— el comportamiento de éstos quedaba bajo el control de los hijos, pues eran los actos de estos últimos quienes dictaban el estado emocional y las reacciones de los padres. En un estilo de relación proactivo, en cambio, los padres deciden dónde, cuándo y cómo deben de reaccionar ante las conductas anómalas de los hijos.

Otros aspectos ya comentados reafirman estos principios esenciales: la asertividad como estrategia que permite a los padres expresar sus necesidades y opiniones sin caer en actos de retirada (abandono) o en contra-ataques violentos y la sinceridad y claridad en las comunicaciones con los hijos, todos ellos son aspectos que profundizan en el carácter propositivo y proactivo de los padres.

Con todo lo anterior se comprende los otros dos puntos que señalaron los padres: «actitud positiva» y «resiliencia», puesto que ambos hacen referencia a esa nueva percepción que anteriormente mencioné, mediante la cual los padres asumen la necesidad de perseverar en las nuevas estrategias —sabedores de que los hábitos de relación son costosos de cambiar— y mantener el optimismo respecto al resultado. Es justamente esa «resistencia» (es decir, «resiliencia») la que acaba por vencer la propia negativa del chico a aceptar a esos «nuevos padres»: los hijos tiranos llegan a un punto en que comprenden que sus padres ya no van a volver a manifestar sus anteriores pautas de relación, momento en el que empiezan a cambiar porque su viejo sistema (manipular, provocar el conflicto y arañar un nuevo fragmento o espacio de poder) ya no les funciona.

Epílogo

El carácter tiránico no es un carácter ganador. A la larga, no produce beneficios reales a la persona. Ninguna familia debería consolarse pensando —si es el caso— que su hijo «al menos» podrá salir adelante si es capaz de engañar lo suficiente a la gente. Esa no es una opción. La meta fundamental para su vida ha de ser la de poder tratar con el mínimo respeto exigible a los demás. No debemos cerrar nunca los ojos a las conductas de abuso de nuestros hijos. Si no podemos hacer más, que sea porque en verdad *no podemos*, pero eso no nos autoriza a permitir —y menos favorecer— que se salga con la suya para que arruine a la familia.

Lo repito: cuando echamos las cuentas finales, el tirano no gana la partida. El síndrome del emperador tiene contraindicaciones muy graves para la vida. Si hablamos de dictadores y genocidas —personas que han llevado hasta sus últimas consecuencias su mayestático egocentrismo—, con pocas excepciones su destino es una vida paranoica o su propia aniquilación. Calígula fue asesinado por uno de sus propios guardias. Hitler acabó pegándose un tiro, y luego su cadáver fue quemado y expuesto a la voracidad de las alimañas. Los huesos del sádico Mengele están metidos en una caja de cartón dentro de una caja fuerte de un instituto forense de Brasil, como epitafio digno de su perversión moral y de su huida sin fin en los últimos treinta años de su existencia, por varios países de Sudamérica. Nicolás Ceaucescu y su mujer, dictadores de Rumanía, fueron fusilados en un juicio sumarísimo en 1989. El dictador Pinochet ha de pasar los últimos años de su vida entre el escarnio del mundo, y aún se puede considerar afortunado por no haber ido a la cárcel.

Pero los psicópatas ordinarios tienen su propio *vía-crucis*, ya que su conducta, además de arrojar miseria y dolor sobre sus allegados y su comunidad, tiende al fin a su propia destrucción. Esa destrucción personal está implícita en su propia psicología. Debido a que buscan siempre hacer algo que les «motive» están condenados a escaparse de las situaciones que les producen aburrimiento o tedio, que son la mayoría de las actividades que requieren voluntad de superación y un esfuerzo sostenido. Esa huida puede tomar la forma de una lasitud, de un no hacer nada, acompañada muchas veces por consumo de alcohol o drogas. Otras veces aceptan actividades de riesgo, simplemente para «sentir algo», para sentirse vivos. Desgraciadamente esto puede consistir en conductas de dominación y humillación de otros, como en el *bullying* o acoso escolar, o el *mobbing* en el trabajo, pero también puede tomar la forma de actos diáfanos de delincuencia, como robos y agresiones.

Hay una pregunta cuya respuesta es reveladora del fracaso esencial del psicópata: si este sujeto está muy preparado para manipular y dominar a los otros, ¿por qué no logra casi siempre disfrutar de una posición de poder relevante en la sociedad? Es cierto que en ocasiones sí lo consigue, como ya he comentado, en el caso de empresarios, líderes de sectas o políticos sin escrúpulos. Pero la inmensa mayoría de ellos tienen que conformarse con una vida gris, oscura, resignada al abuso de sus hijos, mujeres o compañeros de trabajo, y un porcentaje importante dedicado a la delincuencia habitual ha de dar con sus huesos en la cárcel, una u otra vez. ¿Cuál es la razón de ese fracaso generalizado? La razón es que su propia indulgencia les lleva al desenmascaramiento, al fin a traicionarse a sí mismos al abusar de su poder, cuando no a perder por su extravagancia o desidia lo que ya habían alcanzado por ser inteligentes —en ocasiones— o —más habitualmente— astutos.

Pero, con independencia de la posición social que al fin puedan disponer, hay otra razón más profunda que acompaña el fracaso de las personas que no tienen conciencia, y esta es el hecho simple y complejo a la vez de que estos sujetos no pueden alcanzar lo más esencial de la vida humana: una vida con sentido, un proyecto vital, es decir, no pueden plantear su existencia ante sus ojos y ante los ojos de los demás como algo que puede justificar que hayan nacido y vivido en este mundo. Para lograr esto uno tiene que sentirse vinculado con los demás, tiene que orientarse por unos valores que le reconocen como hombre o mujer que puede añadir algo a la época que le ha tocado vivir. Esta idea esencial se puede expresar con una frase que hoy en día tiene una cierta popularidad, aplicada a alguien que hizo algo con sentido de su vida: «después de vivir, dejó el mundo mejor que como lo encontró».

¿Por qué es mejor poseer conciencia? Lo hemos visto: el ser humano altruista expande el bien porque de lo contrario su vida carece de sentido; y en el reverso del espejo vemos al psicópata, que expande la violencia física o moral porque de lo contrario no encuentra ninguna identidad en la que reconocerse.

Cuando estamos frente a alguien que está obsesionado por mantener una imagen fraudulenta de sí mismo para poder ganar favores, cuando el aburrimiento le roe los huesos, cuando lo único que le puede hacer «sentir vivo» es la velocidad temeraria y la irresponsabilidad, el peligro o las drogas, cuando el único criterio de éxito es la dominación del otro, verse «superior» porque le puede humillar, entonces podemos estar seguros de que estamos ante la misma imagen del fracaso del ser humano.

Notas

Capítulo 1

Nota 1. La mañana del día 1 de abril de 2000, a la salida de la discoteca *Black Fire*, en el Puerto Olímpico de Barcelona, Carlos Javier Robledo se dirigía con sus compañeros a la zona de aparcamiento de la discoteca. Miguel Carnero, uno de los dos amigos que le acompañaban, encontró una cazadora junto a las ruedas de uno de los automóviles en los que iban diez jóvenes que pronto se iban a convertir en agresores. Uno de éstos, Juan María Fernández, era quien la había dejado allí a propósito unos minutos antes como trampa, después de robarla en la discoteca. Cuando Carnero la recogía del suelo, Fernández gritó: «¡Nos están robando!». Al ver que un grupo de agresores se lanzaba contra ellos, Carnero tiró la cazadora hacia ellos e intentó que Robledo y su otro amigo se introdujeran en su coche para irse, pero no pudieron huir.

Robledo se llevó la peor parte: siete del grupo de diez jóvenes que se sentaron en el banquillo dieron inicio a una brutal agresión, calificada por el tribunal como un «ataque salvaje y feroz».

«La emprendieron a puñetazos y patadas» contra él, explican los jueces. «Una vez abatido y en el suelo», cuando se encontraba boca arriba, dice la sentencia, siguió siendo golpeado y pisoteado de manera deliberada en todo el cuerpo hasta morir por un «daño cerebral difuso», según se le diagnosticó cuando llegó la ambulancia.

La autopsia apreció entre 17 y 20 golpes de tal brutalidad que unas marcas se solapaban con otras. Una de las últimas patadas le alcanzó los testículos y otro golpe le causó el estallido del duodeno. Los forenses explicaron que ninguna de las lesiones se produjo por un acto de defensa. «En ese mismo contexto y dinámica de ataque mortal», añade la sentencia, Juan Carlos Berlanga también fue rodeado por sus agresores, golpeado en la cabeza y pateado. Pero pudo huir. A los pocos segundos, otros tres de los agresores le robaron el reloj y el anillo a Miguel Carnero, que se salvó porque uno de los agresores gritó: ¡«que viene alguien!».

Quiero enfatizar aquí la total falta de escrúpulos de los jóvenes, su decidida coreografía homicida: «Los seis atacantes dominaron por completo el hecho, se repartieron entre sí los papeles de muerte para mejor acorralar y abatir, primero, a Carlos Javier, e intentar seguidamente hacer lo mismo con Juan Carlos».

El tribunal explicó que la agresión fue muy rápida y que no se puede determinar si duró tres o cuatro minutos, aunque afirma que «sólo cabe concluir rotundamente que no hubo ninguna pelea ni actitud agresiva por parte de las víctimas, sino exclusivamente una brutal agresión de aquellos seis individuos». Al fin, la indefensión de las víctimas era total, pues los agresores actuaron con «una superioridad numérica aplastante», no sólo por el número, sino también por el «poderío físico incuestionable de Valentín Moreno», un joven que dominaba las artes marciales y que se entrenaba en un centro deportivo de alto rendimiento.

Capítulo 2

Nota 1. Darwin vio, en primer lugar, que los individuos que ayudan a otros tendrán menos descendientes que, los que estando en el mismo grupo, se niegan a dar esa ayuda. ¿Por qué? Porque dentro de un mismo grupo, si uno, por ejemplo, se come su parte de comida y no entrega nada a alguien que no dispone de ningún alimento, tiene más probabilidades de sobrevivir a la larga que otro que se coma sólo la mitad de lo que posee. Luego la conclusión aquí es clara: *dentro de un mismo grupo,* la selección natural favorece el egoísmo: los que evitan el dolor del hambre y se sacian, prescindiendo de que a su alrededor haya gente que perezca por inanición, tienen más probabilidades de asegurar su descendencia.

Ahora bien, la selección natural no sólo funciona a través del mecanismo de la selección individual en el grupo, sino que también funciona una selección *entre los grupos.* Y en este punto Darwin también vio que los grupos en donde los individuos se ayudan mutuamente tienen más probabilidades de sobrevivir que aquellos grupos donde no existe tal ayuda recíproca. Por consiguiente, tanto el egoísmo como el altruismo son motores de la evolución. Los grupos altruistas son más poderosos que los grupos egoístas, luego el altruismo —o la «virtud», en términos morales— es algo que la evolución ha favorecido. El ser humano es, «por naturaleza», tanto egoísta como altruista, el que sea más o menos una cosa o la otra va a depender del lugar en el que nazca, de su temperamento, de su inteligencia, de su educación. La cultura, las normas sociales y las leyes son los responsables de que el comportamiento egoísta se contenga dentro de unos límites tolerables, y se expanda el altruismo hacia todos los miembros dentro del grupo y hacia otros grupos.

Capítulo 4

Nota 1. (Acerca de las diferencias entre la violencia y el crimen entre chicos y chicas, para iluminar las razones de la mayor presencia de la psicopatía también en chicos).

¿Por qué esa diferencia? Téngase presente que los estudios antropológicos y biológicos señalan, sin lugar a dudas, que las mujeres son mucho menos violentas que los hombres. En todas las culturas y desde siempre, el hombre es más transgresor y agresor que las mujeres. La importante investigación del etólogo Irenäus-Eibesfeldt demuestra que los niños son más agresivos que las niñas desde el nacimiento, aunque reciben castigos con mucha mayor frecuencia de sus padres por tales conductas, así como participan con energía en competiciones y actividades de riesgo. En cambio, las niñas juegan de modo más seguro y participan en actividades más relajadas e incluso solitarias. Existe una necesidad genética por desarrollar una personalidad acorde con el sexo genético, y toda la experiencia de los *kibbutz* israelíes lo prueba de modo concluyente. Este sistema israelí intentó crear roles homogéneos y únicos mediante una educación comunitaria aplicada por igual a todos los niños; ellos no vivían con sus padres, y por ello no tenían roles adultos a los que copiar en su socialización. Sin embargo, eso no fue posible. Las chicas crecieron como «chicas», adaptando sus conductas al modelo femenino, y los chicos hicieron lo propio con el rol masculino. Los roles (o géneros) son diferentes porque el cerebro de ambos géneros lo son, debido a la acción diferencial desde el comienzo de las hormonas masculinas (andrógenos) y femeninas (estrógenos) que, siguiendo instrucciones del genoma, conforman habilidades y actitudes mentales diferentes, en definitiva, una *psicología diferente* sobre la base común de las grandes semejanzas que se derivan del hecho de ser un «ser humano».

Esta visión encontró su respuesta en *la teoría de la socialización*: las mujeres aprenden a ser pacíficas y poco agresivas en sus hogares, mientras que se alienta la espontaneidad y la agresividad de los chicos. Las chicas, cuando se enojan, han de aprender a reprimir sus deseos de agredir, y más bien han de controlarse y quizás incluso echarse la culpa, mientras que a los chicos se les alienta a que no permitan «que nadie les tome el pelo» y que no sean cobardes.

Mi opinión en este punto coincide con la de Pinker (en «*La tabla rasa*»), que comenta, irónico, que nadie puede creer en serio que a las chicas de hoy se les enseña a ser sumisas y obedientes. Sencillamente, hay que reconocer que los datos son tozudos: la mujer tiene dificultades por su biología y por su psicología para cometer los desmanes que hacen los hombres. Y aun cuando las estadísticas señalan en muchos países una mayor presencia de las chicas que antes, la distancia que separa a ambos sexos es inmensa.

Por supuesto, no niego que la sociedad tienda a inhibir la expresión de conductas violentas en mayor medida en las chicas que en los chicos; sólo digo que esto difícilmente puede explicar una estadística tan contundente «a favor» de los delincuentes varones. Y desde luego que hay madres que maltratan a sus hijos, e incluso mujeres asesinas y psicópatas, porque también en ellas operan los factores personales y sociales que incitan a la transgresión.

Capítulo 6

Nota 1. Un problema al que me enfrento habitualmente es la llamada de auxilio de una madre que ha roto la relación con un psicópata, y tiene hijos a su cargo (también puede ser el caso de un padre angustiado porque la madre es la psicópata, pero como ya he escrito antes la condición es mucho más frecuente en los hombres). Dos cuestiones relacionadas suelen llevar a estas madres a contactar conmigo: ¿cómo se puede proteger a los niños de la insidiosa relación perversa que el padre va a mantener con ellos?, y ¿es posible prevenir que estos niños desarrollen una personalidad tiránica, como la que ostenta su padre? Esta segunda pregunta es la que intento contestar con este libro. Con respecto a la primera cuestión hay algunas reglas importantes que la madre debe de atender, en estos supuestos:

1. Asegurarse de que, en efecto, el padre tiene este trastorno, o al menos ha actuado de un modo que es del todo compatible con el mismo.

2. Considera de qué modo el padre o ex compañero puede dañar a los niños. Haz caso de tu intuición.

3. Ten claros tus objetivos, y quiénes son las personas que merecen realmente ser protegidas.

4. Evalúa tus opciones legales.

5. Determina cuáles son las armas que tienes para enfrentarte a él.

6. No intentes llegar a acuerdos que pasen, necesariamente, porque él exhiba sólo su buena voluntad, y prescinde de toda idea de «rehabilitación personal».

7. No enmascares su auténtica condición ante las personas importantes que te rodean, si bien puedes dibujar un carácter conveniente para tus hijos.

8. Defiende siempre tu salud mental.

9. Minimiza siempre el contacto que tú o tus hijos puedan tener con él.

Nota 2. Hay que tener cuidado con «el juego de la pena», una estrategia muy habitual en los manipuladores, que suele ser especialmente eficaz cuando es empleada por un hijo. Se trata de la apelación a nuestra simpatía. ¿Por qué desean los tiranos que se les tenga lástima? Porque cuando sentimos pena somos débiles, somos —al menos durante un tiempo—vulnerables, y así esa debilidad emocional la utiliza en su beneficio, esto es, contra nosotros. «La mayoría de nosotros estaría de acuerdo en que dar un trato preferente a alguien que es incapaz de sentir culpa es una mala idea, sin embargo eso es precisamente lo que hacemos con frecuencia cuando lo vemos con un aspecto conmovedor», escribe la profesora Stout.

Como es lógico, actuar compasivamente ante quien lo merece es algo profundamente humano, pero frente a alguien que se dedica de modo permanente a aprovecharse de los otros es un signo de debilidad que le anima a seguir actuando de este modo, y por ello acentúa nuestra debilidad.

¿No estamos cansados de ver a mujeres que una y otra vez perdonan a sus maridos, apenadas por lo que les pueda suceder, y así refuerzan más esa sensación que tienen sus maltratadores de que nada les va a detener? Se trata de un ejemplo entre docenas, y viene a decirnos que cometemos un profundo error cuando dejamos que *lo que nos gustaría que ocurriera*, debido a la pena que sentimos —que ese hombre o que esa mujer o que este niño que están actuando tan miserablemente comprendieran al fin y dejaran de hacer lo que hacen— lo confundimos con *lo que es en realidad* y no queremos verlo. La pena no es una buena base sobre la que adoptar soluciones, por muy humana que sea.

Entonces, he ahí una señal importantísima de que nos enfrentamos ante alguien sin emociones morales desarrolladas: una conducta habitual antisocial o abusiva, y una frecuente petición de que le perdonemos, porque espera embargarnos de pena y simpatía. Esta estrategia, sin embargo, no la utilizan siempre. Depende de sus posibilidades de triunfar exhibiendo su rudeza, o de la medida en que piensan que ya no les resulta útil.

Notas bibliográficas

CAPÍTULO 1

—Acerca de los datos de incremento de la violencia hacia los padres en la Comunidad Valenciana, véase *Las Provincias*, 28 de marzo 2005. Los datos de Cataluña proceden de un estudio preparado por El Centro de Estudios Jurídicos de la Generalitat de Cataluña (sin fecha), titulado: *La violencia dels joves en la familia: Una aproximació als menors denunciats pels seus pares* (agradezco al profesor Antonio Andrés Pueyo esta información).

—La madre (C. M.) que sufrió la agresión de una de sus hijas relató su experiencia al diario *Las Provincias* el 28 de marzo de 2005.

—El aumento de varias formas de violencia juvenil: Vicente Garrido, *¿Qué es la psicología criminológica?*, Madrid: Biblioteca Nueva, capítulo IV. Ver también las estadísticas del Centro Reina Sofía para la prevención de la violencia en su página web www.gva.es/violencia. (No obstante, los datos sólo cubren los últimos tres años, con lo que no se puede apreciar la evolución en una perspectiva más amplia.)

—Las declaraciones de Tony Blair aparecieron en *El País*, el 4 de mayo de 2005. La información acerca de la «violencia social y cotidiana de los niños de 7 a 15 años de edad» apareció en el artículo de José Vidal-Beneyto *Dígalo sin muertos*, publicado en *El País* el 4 de enero de 2003.

—El estudio de Aragón: María José Chinchilla, Elena Gascón, Jorge Gracia y Marta Otero, *Un fenómeno emergente: Cuando el menor descendiente es el agresor* (sin fecha).

—El juez del caso de la villa olímpica condena a los padres del asesino: ver *El País*, el 25 de mayo de 2003.

—Las declaraciones del profesor Elzo las efectuó en el debate emitido por Antena 3 televisión, «¿Cómo son los jóvenes de hoy?», emitido el 3 de junio de 2005.

CAPÍTULO 2

—Acerca del egoísmo y del altruismo en la evolución del ser humano: E. Sober y D. S. Wilson, *Unto others*, Cambridge, Mass: Harvard University Press.

—La historia de David Guerrero apareció en *El País*, 8 de enero de 1996.

—La cita de Jerome Kagan pertenece a su artículo «Three unpleasant ideas», publicado en *American Psychologist*, 51, 901-908.

—Acerca de la capacidad moral del ser humano, ver por ejemplo H. Gardner, *La inteligencia reformulada: las inteligencias múltiples en el siglo XXI*, Barcelona: Paidós, 2001.

—La novela de Stevenson *El extraño caso del Dr. Jekyll y Mr. Hyde*, Barcelona: RBA, 2002, pp. 113-114.

—Acerca de la libertad, racionalidad y vulnerabilidad del ser humano, ver Alasdair MacIntyre, *Animales racionales y dependientes: Por qué los seres humanos necesitamos las virtudes*, Barcelona: Paidós, 2001.

—La cita del historiador Alberto Manguel en un artículo de Javier Rodríguez Marcos publicado en *El País* el 12 de enero de 2002.

—La cita del Dr. Frankenstein de la obra de Mary Shelley, *Frankenstein o el moderno Prometeo,* es de la edición RBA editores, Barcelona, 2002, p. 96.

—Sobre Hellen Keller y Ana Sullivan ver el artículo de Diane Schurr y David Jackson, «Helen Keller», publicado en el volumen *TIME 100,* Nueva York: *Time Books,* 2002, y el artículo de Bradly Smith recogido en el volumen *Las grandes entrevistas de la historia,* editado por Christopher Silvestre, Madrid: El País/Aguilar, 1997.

Capítulo 3

—La psicóloga y profesora de Harvard Marta Stout; ver su libro *The sociopath next door*. Nueva York: Broadway Books, 2005. Todas las citas atribuidas a Stout pertenecen a esta obra. Ver también acerca de la conciencia en los niños violentos: Ken Magid y A. McKelvey, *High risk: Children without a conscience,* Nueva York: Bantham Books, 1989.

—La obra de Carol Gilligan es *In a different voice,* Cambridge, Mass.: Cambridge University Press, 1982. Sobre las relaciones entre el razonamiento moral y las emociones morales ver el libro de J. C. Gibbs, *Moral development and reality,* Thounsand Oaks. Sage.

—El caso del joven de Murcia que mató a sus padres y hermana, ver el capítulo «José, el chico de la catana», en la obra de Manuel Marlasca y Luis Rendueles, *Así son, así matan,* Madrid: *Temas de Hoy*, 2002.

—La violación de Fatiha está documentada en la sentencia del Tribunal Supremo relativa a este caso, y se halla en la base de datos de Aranzadi.

—El gran fracaso de la conciencia en Josef Mengele, ver el libro de Gerard Posner y John Ware, *Mengele,* Madrid: La esfera de los libros, 2002.

—Acerca de la psicopatía en la juventud, ver V. Garrido, *Psicópatas y otros delincuentes violentos,* Valencia: Tirant Lo Blanch, 2002, capítulo 3.

—El problema de la «¿perturbación psicológica o perturbación moral?» es ciertamente complejo, y muy debatido. Además de la obra de Marta Stout puede verse la obra de W. D. Black y L. Larson, *Bad boys, bad men: Confronting antisocial personality disorder,* Nueva York: Oxford University Press, entre otros muchos.

CAPÍTULO 4

—La cita de Jane Goodall, *Through a window: My thirty years with the chimpanzes of Gombe,* Nueva York: Houghton Mifflin, 2000, pp. 210-211.

—El incidente con la gorila *Binti Jua* apareció citado en un artículo de Patxo Unzueta para *El País*, el 25 de agosto de 1996.

—El caso de Fernando, que mató a su madre con una espada, apareció en el periódico *Levante* el 12 de diciembre de 2002.

—El término «síndrome del emperador» lo he acuñado a partir de la etapa en el desarrollo moral que Jerome Kagan denomina «imperial», en la que ubica a los psicópatas. Ver su trabajo «The child behind the mask», en el libro de W. Reid, D. Dorr, J. Walter y J. Bonner III, *Unmasking the psychopath*, Nueva York: Norton, 1986.

—Las relaciones entre el trastorno antisocial y la psicopatía, ver V. Garrido, *Psicópatas y otros delincuentes violentos*, cap. 2. Las relaciones entre la psicopatía y los hijos tiranos, Jonathan Kellerman, *Savage Spawn, Reflections on violent chidlren,* Nueva York: Ballantine, 1999. También W. D. Black y L. Larson, *Bad boys, bad men: Confronting antisocial personality disorder.*

—Las estadísticas sobre la personalidad-antisocial y la psicopatía aparecen recogidas en el libro de Stout *The psychopath next door*, y en el libro ya citado *Bad boys, bad men: Confronting antisocial personality disorder.*

—Acerca de los trastornos psiquiátricos que presentan los adoptados, ver el artículo «Psychiatric disorders in young adult intercountry adoptees: An eidemiological study», por W. Tieman, Jan van der Ende y F. C. Verhulst, publicado en *The American Journal of Pschiatry,* marzo 2005, vol. 162 (agradezco al profesor Andrés Pueyo esta referencia).

CAPÍTULO 5

—La cita de Brent Richardson figura en su libro *Working with challenging youths,* Cincinnati, OH.: Xavier University Press, 2001, p. 6.

—Las evidencias de que los jóvenes tiranos que se sienten humillados son más propensos a actos de violencia: James Gilligan, *Preventing violence,* Nueva York, Thames & Hudson, 2002. Ver también *When good kids kill,* de Michael D. Kelleher, Wesport, CT: Preaeger Publihs., 1998.

—Acerca del psicópata envidioso, el capítulo de Teodore Millon «Ten subtypes of psychopathy», en el libro de T. Millon y otros (eds.), *Psychopathy: Antisocial, criminal and violent behavior,* Nueva York: Guilford Press, 1998.

—La chica acosada en la escuela de Elda, ver *El País* de 27 de mayo de 2005.

—Acerca del narcisismo, la obra ya citada *The psychopath next door,* y también el libro de J. R. Meloy *The psychopathic mind,* Northvale, NJ: Aronson, 1988, así como la obra *Violent attachments,* Northvale, NJ: Aronson, 1992.

—Acerca de los hijos separados y el padre psicópata, ver V. Garrido, *El psicópata,* Alzira: Algar, 2000, y del mismo autor *Amores que matan,* Alzira: Algar, 2001.

—Sobre las emociones de los psicópatas y la etiología, ver revisiones en el libro ya citado de V. Garrido *El psicópata,* también en *Cara a cara con el psicópata,* Barcelona: Ariel, 2005. Y la obra de Robert Hare: *Sin conciencia,* Barcelona: Paidós, 2004 (original *Without conscience,* Nueva York: Simon & Schuster, 1995).

Capítulo 6

— La relación entre la psicopatía en los niños y los malos tratos tiene una revisión de la literatura muy reciente en el artículo de C. Saltaris (2002), «Psychopathy in juvenile offenders. Can temperament and attachment be considered as robust developmental precursors?», *Clinical Psychological Review, 22,* 729-752.

—El estudio de Hare sobre la reincidencia de delincuentes psicópatas y no psicópatas aparece citado en su libro *Sin conciencia.*

— La relación entre la psicopatía en los niños y el desapego emocional tiene una revisión de la literatura muy reciente en el artículo de Saltaris «Psychopathy in juvenile offenders...» ya citado.

— El estudio de los psiquiatras escandinavos está citado en Stout, y es: «The Copenhagen model of early preventive intervention towards mother-infant relationships disturbances», escrito por M. Liar *et al.*, en el *Artic Medical Research, 34,* 15-23.

— Las diferencias entre los niños con desapego emocional y los niños psicópatas está en *The psychopath next door (opus cit.)*

—La tesis de que los malos tratos y el desapego causan problemas mentales que luego derivan en una psicopatía está bien reflejada en el libro de H. J. Pincus, *Instintos básicos,* Madrid: Oberon, 2001.

—El gráfico de competencia parental y dificultad de socialización de los hijos apareció en el libro de D. Lykken *Personalidades antisociales,* Barcelona: Herder, 2000.

—El libro de Colby y Damon es *Some do care,* Nueva York: Free Press, 1992.

—La referencia de Julián Marías a la película «Solo ante el peligro» es del libro *El cine de Julián Marías*, compilado por Fernando Alonso, Barcelona: Royal Books, 1994.

—Ángel Briz: ver *El País*, 24 de junio de 2002

—Los tres cooperantes españoles de Médicos del Mundo. Véase *El Mundo*, 21 de enero de 1997, y el suplemento «Crónica» de 26 de enero de ese año.

—La cita de Seligman aparece en el libro *Some do care (opus cit.)*, pero véase también un artículo muy relevante del propio Seligman con M. Csikszentmihalyi, «Positive psychology: an introduction», en *American Psychologist*, 2000, 55, pp. 5-14.

—La cita de Steve Wonder apareció en *El País Semanal* de 10 de marzo de 1995.

—La cita de Anthony Hopkins apareció en *El País* de 8 de febrero de 2002.

—Las necesidades de Glasser están en su libro *Choice theory*, Nueva York: HarperCollins, 1998.

Capítulo 7

—Acerca de los pocos psicópatas en Japón, ver el libro de Gilligan ya citado *Preventing violence*, y un estudio más en profundidad de la sociedad japonesa y su escasa violencia en el libro de Garrido *Contra la violencia*, capítulo 11 *(opus cit.)*. Stout recoge también este planteamiento en *The psychopath next door (opus cit.)*.

—La cita de Robert Hare es de su libro *Sin conciencia*, pág. 177 *(opus cit.)*.

—La cultura como compensadora de la psicopatía apareció como una idea reflejada en mi libro de 2000 *El psicópata (opus cit.)*, y también la recoge Stout en *The psychopath next door (opus cit.)*.

—Acerca de las diferencias entre la vergüenza y la culpa, ver *Preventing violence*, pp. 49-54.

—El caso de Farruquito: ver *ABC* de 5 de julio de 2005.

—La importancia de que la conciencia moral ha de enseñarse de modo explícito: ver Samuel P. Oliner y P. M. Oliner, *The altruistic personality,* Nueva York: Free Press.

—La moralidad negativa: Oser, F. K. (1996), «Learning from negative morality», *Journal of Moral Education*, 25, 67-74. También el libro de R. Coles, *La inteligencia moral del niño y del adolescente,* Barcelona: Kairós, 2000.

Capítulo 8

—Los jóvenes que grababan sus sevicias a los indigentes: *El País,* 2 de octubre de 2002.

—Las referencias al consumo precoz de drogas en la adolescencia: *El País,* 7 de febrero de 2005.

—Los datos de la Fundación Encuentro: *El País,* 13 de mayo de 2005.

—Las declaraciones del presidente de la federación de directores de centros públicos: *El País,* 2 de junio de 2005.

—Un trabajo reciente realizado en España que muestra la vinculación entre los malos tratos de la familia de origen y la violencia posterior en los hijos que la sufren: Rosa Patró y Rosa María Limiñana, «Víctimas de violencia familiar: Consecuencias psicológicas en hijos de mujeres maltratadas», *Anales de Psicología,* 2005, vol. 21, 11-17.

—Ayudar a las madres que se quedan solas con hijos que han vivido con la violencia en sus casas: ver D. Lykken, *Personalidades antisociales,* Barcelona: Herder.

—Acerca de la filosofía de la *tabula rasa,* ver el libro de S. Pinker, *La tabula rasa,* Barcelona: Paidós, 2003.

—Las características de los alumnos «matones», ver María José Díaz Aguado, «La escuela», en el libro *El laberinto de la violencia,* coordinado por J. Sanmartín, Barcelona: Ariel, 2004, capítulo 7. La incidencia del trastorno disocial en los matones se ve claro en el estudio de C. M Kokkinos y G. Panayiotou (2004), «Predicting bullying and victimization among early adolescents: Associations with disruptive behavior disorders», *Aggressive Behavior, 30,* 520-533.

—La importancia de los programas para el desarrollo moral y la conciencia ha sido puesta en evidencia por muchos autores. Ver, por ejemplo, la obra citada de Kellerman, *Savage spawn; reflections on violent children,* y V. Garrido, *Manual de educación social para delincuentes,* Valencia: Tirant Lo Blanch, 2005.

—El artículo de Rafael Argullol se titula «El prestigio de los necios», y apareció publicado en *El País* el 6 de junio de 2005.

Capítulo 9

—La investigación que muestra cómo la tesis de este libro se ha confirmado en los años transcurridos desde que se publicara por primera vez:

V. Garrido y M.ª José Galvis, «La violencia filioparental», *Tratado de Criminología Forense,* vol. I, Valencia, Tirant Lo Blanch, 2017.

—El programa Cantabria para padres que son víctimas de la violencia de sus hijos. Se puede acceder gratuitamente en:

http://www.serviciossocialescantabria.org/index.php?page=documentos-e-informes-por-colecciones

Índice